臺灣歷史與文化 研究輯刊

十九編

第 1 冊

清末台灣洋務運動之研究（1874～1891）（上）

吳重義 著

花木蘭文化事業有限公司

國家圖書館出版品預行編目資料

清末台灣洋務運動之研究（1874～1891）（上）／吳重義 著 --
初版 -- 新北市：花木蘭文化事業有限公司，2021〔民110〕
序 2+ 目 2+136 面；19×26 公分
（臺灣歷史與文化研究輯刊十九編；第 1 冊）
ISBN 978-986-518-449-0（精裝）
1. 自強運動 2. 清代 3. 臺灣史
733.08   110000664

ISBN-978-986-518-449-0

9 789865 184490

臺灣歷史與文化研究輯刊
十九編 第 一 冊   ISBN：978-986-518-449-0

清末台灣洋務運動之研究（1874～1891）（上）

作　　者　吳重義
總 編 輯　杜潔祥
副總編輯　楊嘉樂
編　　輯　許郁翎、張雅淋　美術編輯　陳逸婷
出　　版　花木蘭文化事業有限公司
發 行 人　高小娟
聯絡地址　235　新北市中和區中安街七二號十三樓
　　　　　電話：02-2923-1455／傳真：02-2923-1452
網　　址　http://www.huamulan.tw 信箱 service@huamulans.com
印　　刷　普羅文化出版廣告事業
初　　版　2021 年 3 月
全書字數　261625 字
定　　價　十九編 23 冊（精裝）台幣 60,000 元　　版權所有・請勿翻印

清末台灣洋務運動之研究（1874～1891）（上）

吳重義　著

作者簡介

　　吳重義，台灣台中人。

　　學歷：1976 年台大政治學系畢。1980 年台大政治研究所畢。美國壽險管理師，FLMI.

　　工作經歷：1976 年 6 月進入國泰人壽保險公司服務，歷任各種職務，擔任科長、襄理、副理、經理及協理。並擔任人壽管理學會、保險服務協會理事。2018 年 2 月退休。

　　著作：《政黨法論》，丸山健著，呂漢鐘譯（二人合譯，呂漢鐘先生掛名），1983 年，八十年代出版。

《壽險英漢辭典》，吳重義等人編譯，1982 年，國泰人壽保險叢書編輯委員會出版。

提　　要

　　十九世紀中葉，中國和日本同樣遭受「西洋的衝擊」，何以日本實行明治維新成功邁進近代化，中國雖然也有洋務運動，卻陷落半殖民地的地步，在這個問題意識下，作者興起了研究洋務運動的動機。

　　作者採取區域研究方式，選定清末台灣洋務運動作為研究對象，並從清末台灣所具備的特殊性社經條件，論述台灣具備有利於近代化成功的條件。

　　受 1874 年日本出兵台灣事件危機的衝擊，清廷涉台官員沈葆楨、丁日昌、劉璈等，在台灣展開了初期的洋務運動，架設電線、開發煤礦、議設縱貫鐵路等，及從事開山撫番大業。

　　外力的威脅不斷衝擊台灣，1884 年的法軍侵台事件之危機下，劉銘傳等洋務官僚更積極展開後期的台灣洋務運動，啟動了本格的改革運動。這個時期包含推動台灣建省、清賦事業、建鐵路、架設電線、設機器局、發展航運事業、創設新郵政、籌設新式教育，及撫番事業等。

　　然就清末台灣特殊的社會經濟環境發展而言，台灣內部有一種由下而上要求推展經濟發展的動力，在這股民間動力的配合下，使台灣洋務運動成為真正的洋務運動。

　　不過，台灣洋務運動最終也遭遇挫折，但是，仍有一定的歷史意義。1895 年台灣割讓給日本，日本治台後，承續清廷在台灣洋務運動的經營成果，從 1898 年起逐步推行殖民地經濟體制，其殖民經濟得以發展，使台灣在二十世紀初期即已步上近代化。

　　因此，從清末台灣社會經濟發展所具有的特殊條件而論，洋務官僚不是從「化外之地」的台灣，使之成為最進步的行省。日本治台，更不是從「化外之地」的台灣，使之步上現代化。台灣百年來的現代化過程中，從清末以來以島民為主體的社會經濟發展，才是台灣現代化的主要衝力。

序

　　十九世紀中葉，中國和日本同樣遭受「西洋的衝擊」，但是兩國的歷史卻從此走向不同的方向發展。日本逐漸從鎖國轉變為開國，以尊王攘夷論為媒介，斷然實行明治維新，成功地樹立中央集權的獨立國家。相反的，中國雖然也有洋務運動、戊戌變法運動、辛亥革命的嘗試，但是卻愈加走上隸屬化的道路，以致陷落半殖民地的地位。

　　中國和日本同樣遭受「西洋的衝擊」，何以產生不同的歷史結果？在這種問題意識下，筆者興起了研究洋務運動的動機，並希望從洋務運動的政治過程，探討洋務運動失敗的原因，或許這樣有助於了解「中國為何遲遲地不能進行現代化」的原因。

　　探討整個洋務運動的政治過程，不是個人能力所能達成，亦無充裕的時間作長期的研究，必須限定地區做為研究的範圍。於是選定台灣洋務運動為研究對象。從台灣洋務運動的研究，可以了解洋務運動的政治過程，同時也可以明瞭台灣何以是中國最適於現代化的地區。

　　為了把握研究方向與研究重點，筆者先潛心研究台灣史，使整個研究有全盤的視野，為了達到這個目的，花費相當多的時間與精力，埋首在法學院圖書館及總圖發掘資料，同時走訪台灣史資料收集單位，所幸略有收穫。

　　為了深入探討洋務運動，乃研讀美日兩國有關洋務運動的研究作品，希望藉著既有的研究成果，提昇研究的層次。所學有限，端賴許師介麟開導啟發，筆者愚鈍，所能把握的恐怕不及百分之一。

　　論文順利完成，得力師長親友協助。指導教授許介麟的栽培，林明德、梁華璜、莊錦農、曹永和、史威廉（William M. Speidel）、吳密察等師長鼓勵、

指點、提供資料，岳父呂漢鐘協助閱讀艱深日文文獻，親戚張光雄從美國寄來資料，好友鄭優、陳秀美、黃憲鐘不辭辛勞謄稿、校對，岳母張彩琴代為照顧幼女令葳長達一年，妻慧珍協助寫作時常徹夜不眠，萬分辛苦，謹致衷誠謝意。

目

次

下　冊

導　論

　　「洋務」一詞，見於官方文字最早者為道光二十年（1840 年）六月，江南道御史陸應穀奏摺〔註 1〕，從此，洋務一詞之意義即為對待外洋事務之習稱。咸豐八年（1858 年）四月，在籍戶部侍郎羅淳衍加以稱述〔註 2〕，此後，洋務即是夷務的定義更為明顯。

　　1860 年代以後，中國興起了洋務運動，由於，這個運動於內在之要求及所期望達到之目的，均在求富求強，可以說是一種「自強運動」〔註 3〕。洋務運動既是一種自強運動，所包涵的意義當然更為廣大，不單是一種外洋事務交涉的運動。當時，中國政治、社會、經濟的環境大概如下：

　　（1）南京條約（1842 年）以後一連串的不平等條約，使清廷喪失了國家主權，無法再保持封閉時代獨立國家的地位。

　　（2）由於防止列強資本主義商品侵入中國市場的障壁已被打破，資本主義列強大量傾銷商品並掠奪原料，這種現象如波濤般地湧入中國市場。

　　（3）結果，中國封建社會自然經濟結構，從個別的區域開始瓦解，也造成中國家庭手工業的破產；同時，農產品也轉變為商品。

　　（4）在資本主義列強交換商品的市場地帶，形成了殖民地式的都市（例如：上海、廣州、廈門、寧波等），也促成買辦資產階層的興起。

〔註 1〕文慶等修纂：《籌辦夷務始末》（道光朝），台北，文海出版社，中華民國 55 年 10 月影印，卷十一，頁 12。
〔註 2〕賈楨等修纂：《籌辦夷務始末》（咸豐朝），台北，文海出版社，中華民國 55 年 10 月影印，卷二十二，頁 29。
〔註 3〕王爾敏：《晚清政治思想史論》，台北，華世出版社，中華民國 65 年 4 月，二版，頁 9。

（5）資本主義列強的經濟掠奪，加上封建制度下的榨取，加速了中國農民的貧困，農民武裝鬥爭（尤以太平天國為甚）大規模的展開，重重地打擊了中國的封建制度〔註4〕。

「外壓」使清廷喪失了國家主權，經濟逐漸瓦解，農民生活更加貧困，於是激起了劇烈的農民運動（內亂），「內亂」威脅了清廷帝國統治的基礎，必需予以鎮壓，才能夠維持政權。以家鄉自保創立湘軍的曾國藩（1811～1872），淮軍的李鴻章（1823～1901），在鎮壓太平軍的過程中，得到英法的支持，得以導入西洋的兵器，而成功地鎮壓了太平天國，也因此發現西洋武器的偉大效果，不斷的購入西洋軍艦武器〔註5〕。洋務運動的發端，從魏源（1794～1806）在鴉片戰爭的衝擊下頓悟研究海外事情之重要性後，繼而林則徐、龔自珍等努力導入歐美優越的武器〔註6〕，直到北京條約（咸豐八年，1860）訂立之後，英法決計扶持滿清，消滅太平軍，於是「洋將洋兵助剿，上海有常勝軍與淮軍並肩作戰，寧波有常安軍、定勝軍與常捷軍，參加左宗棠的陣營，這些軍隊雖然招的是中國兵，但是教練的是洋法，帶領的是洋辦，用的也是洋器」〔註7〕。況且，如「佛（法）國洋槍炸炮等件均肯售賣，並肯派人教導鑄造各種火器」〔註8〕，「得此利器，是以摧堅破壘，所向克捷，大江以南逐次廓清，功速之效，無有過於是也」〔註9〕，西方武器兵法的威力，曾（國藩）、左（宗棠）、李（鴻章）等目擊之餘，不勝驚服，「鴻章以為中國欲自強，則莫如多習外國利器」〔註10〕。利器外國既可售賣，又肯派人指導，於是，1862 年中國託海關總稅務司英人李泰國（Horatio Nalson Lay）向英國

〔註4〕許介鱗：《日本と中國における初期立憲思想の比較研究──とくに加藤弘之と康有為の政治思想的比較を中心にして》，國家學會雜誌第 82 卷第 90 號，頁 99～100。按該書為作者東京大學博士論文，後發表於日本國家學會雜誌第 83 卷第 5～12 號第 84 卷第 1～2 號（1970～71 年），後收錄成書，國家學會事務所發行。

〔註5〕王文杰：〈十九世紀中國之自強運動（1862～95）〉，《福建文化》，福建協和大學中國文化研究會，第 3 卷第 2 期，中華民國 36 年 12 月，頁 1～38。

〔註6〕衛滕瀋吉：《近代中國政治史研究》，東京大學出版會發行，1975 年 6 月 30 日，第三版，頁 235～236。

〔註7〕王文杰：前文，頁 2。

〔註8〕賈楨等修纂：前書，卷 72，頁 11～13。

〔註9〕同上，卷 79，頁 15～19，「恭親王奕訢等奏」。

〔註10〕寶鋆等修纂：《籌辦夷務始末》（同治朝），台北，文海出版社，中華民國 55 年 10 月影印，卷 25，頁 1～3。

訂購兵船七艘及運輸船一艘〔註11〕，預備在長江消滅太平軍。同治二年間，曾國藩在安慶設局，仿造西式小輪船一隻名為黃鵠，同治二年冬，他派容閎（1828～1912）出洋購買機器〔註12〕。左宗棠（1812～1885）亦在杭州仿造小輪船「形模略具，試之西湖，駛行不速」〔註13〕，當時洋將德克碑（Paul d'Aiguebelle），寧波稅務司日意格（Prosper Giquel）便勸左氏向西洋購買輪機，「因出法國製船圖冊相示，並請代為監造，以西洋傳中土」〔註14〕。李鴻章自1862年由安徽帶領淮軍到滬以後，即不惜重貲，購買外洋槍砲，並在上海設立西洋機器局實施仿製，一八六三年冬蘇州收復，李鴻章把西洋機器局遷來，又在同地設立兩個分局，其後李氏因剿平捻亂又在南京添設江寧機器局〔註15〕。曾、左、李等先後試造或仿造西洋軍火，固然係受常勝軍的影響，但主要目的仍在剿平太平軍。而且，他們認為「內患除則外患自泯」〔註16〕。因此，與其說中國因鴉片戰爭受到挫敗和屈辱，在警覺中著意於軍備的革新，毋寧說這種警覺是受太平軍的壓迫才落實的積極表現〔註17〕。於是，為因應「外壓」與「內亂」的危機，在朝廷有恭親王奕訢（1832～1898）、文祥（1818～1876），在地方有曾國藩、李鴻章、左宗棠、張之洞（1837～1907）等大官僚，藉著導入而採用西洋的技術、機械，而推進「自強新政運動」，這些大官僚及其屬僚，就是所謂推動中國「器物技能層次現代化」的洋務官僚（或洋務派）。

　　在「西洋的衝擊」過程中，洋務派的主要反應雖然是採用或導入部份西洋的技術和機械；但於內在的主體性的反省中，也產生了所謂「中體西用」的政治意理，形成了洋務派運動的理論基礎〔註18〕。洋務派的政治意理之形

〔註11〕王文杰：前文，頁2。
〔註12〕曾國藩：《曾文正公全集》，奏稿卷18，頁1～6。轉引自王文杰：前文，頁2。
〔註13〕左宗棠：《左文襄公全集》，台北，文海出版社，民國53年，據光緒十六年刊本影印，奏稿卷18，頁6。
〔註14〕同上。
〔註15〕李鴻章：《李文忠公全集》，吳汝綸編，文海出版社，中華民國57年影印，奏稿，卷7，頁9。
〔註16〕賈楨等修纂：前書，卷72，頁11～13。
〔註17〕謝延庚：〈李鴻章倡導洋務運動的背景〉，《中山學術文化集刊》，第十三集，中華民國63年3月12日，頁162。
〔註18〕有關「中體西用」論的詳細內容，請參閱王爾敏：前書，「三、清季知識分子的中體西用論」，頁51～71。

成，與中國的近代化有密切之關係，而且也代表了中國知識份子、官僚對西方的衝擊有了首次的回應〔註19〕。

形成洋務運動理論基礎的思想家主要有下列幾位：

（1）魏源（1794～1856），著有《海國圖志》（1844）、《聖武記》（1842）等書〔註20〕。

（2）馮桂芬（1809～1874），著有《校邠廬抗議》等書〔註21〕。

（3）王韜（1828～1897），著有《弢園文錄》等書〔註22〕。

（4）薛福成（1838～1894），著有《庸庵全集》〔註23〕。

（5）馬建忠（1845～1899），著有《適可齋記言記行》等書〔註24〕。

（6）陳熾（？～1899），著有《庸書》〔註25〕。

（7）張之洞（1837～1909），著有《勸學篇》等書〔註26〕。

〔註19〕有關中國近代知識分子對西方衝擊的反應的研究，請參閱——楊懋春：〈清末五十年的變法維新運動〉，《近代中國季刊》，第三期，中華民國66年9月，頁179～209。

〔註20〕魏源，字默深，湖南省邵陽人。起初為科舉鑽研宋代理學，但在內憂外患的民族危機下，放棄了宋代以來的理學和清代的考證學，乃繼承乾隆、嘉慶時代以來莊存與劉逢祿等提倡的今文學，並且加以發展。他主張「經世致用」，為清末變法論的先驅者。

〔註21〕馮桂芬，字林一，號景亭，江蘇省蘇州人，出生於地主兼商人之家，1840年進士。曾改革蘇州地租使其合理化，並改革鹽政，在蘇州教育子弟。太平天國之亂，勸服曾國藩、李鴻章防衛上海，後為李鴻章幕下。主張採用西學，登用人才等。

〔註22〕王韜，江蘇省人，棄科舉，研究西洋事情，1862年亡命香港。譯「四書五經」為英文本，並翻譯《普法戰記》。1867年赴英，1870年回香港，1874年發行「循環日報」，批判洋務運動，主張變法論。在思想上對洋務運動轉變為變法運動，貢獻很大。1886年，就任上海格致書院院長。

〔註23〕薛福成，字叔耘，號庸庵，江蘇省無錫人。入曾國藩幕下，歷任總海防司。明瞭國際情勢，1889年就任英法等駐外公使，思想上傾向變法論。

〔註24〕馬建忠，字眉叔。江蘇省人，幼時移住上海，學得歐美語言、學問；1875年受李鴻章之命留學法國，精通國際法。歸國後，1877年入李鴻章幕下，負責外交，在對外交涉上有卓越表現。

〔註25〕陳熾，字次亮，江西省人。1896年著《庸書內外篇》，批判洋務運動。強調中國應導入西洋議會制度，培植民營企業。中日戰爭後，參加康有為強學會。為洋務論轉變為變法論過渡時期的政治思想家，但接近變法論，強調民族自主、自立。

〔註26〕張之洞，字孝達，號香濤，直隸省南皮（河北人），1863年進士。受宋學影響很深。主張強硬外交而登政界，曾彈劾崇厚的軟弱外交而被拔擢為山西巡撫。一八八四年越南問題，主張對法採取強硬態度而出任兩廣總督。1889轉任湖

（8）何啟（1858～1914）、胡禮垣（1847～1916），合著《新政真詮》〔註27〕。

洋務官僚雖然是導入西洋的技術、機械為主，但洋務派也包含改革論，而所謂改革論，是在「清廷建國以來的法度內，即成法的範圍內求變通之道」〔註28〕，即在清廷體制內的改革。然而，實際上洋務派官僚重軍備的充實，而不重視內政的改革〔註29〕。洋務思想家的內政改革論，後來就從洋務派脫皮過渡，產生重視內政的變法派〔註30〕。

以上簡單說明洋務運動發生的過程、洋務運動之性質及後來的轉變。下面將再扼要的探討現代學者對洋務運動的研究與評價，筆者希望從這項探討中，說明研究洋務運動的動機。

現代學者討論清末的政治，都認為晚清在思想上，實際政治變動上有三大運動，即自強運動、變法運動、革命運動〔註31〕，指導這三大運動的理論基礎，同時在政治思想上也形成了洋務論、變法論、革命論〔註32〕。研究中國百年來現代化實際動態的學者認為「中國的現代化大致說來是循著下面三個層次演變的：第一，器物技能層次（technical level）的現代化。第二，制度層次（institutional level）的現代化。第三，思想行為層次（behavioral level）的現代化〔註33〕。其中，器物技能層次的現代化指的就是以洋務運動為其內

廣總督。中日戰爭時唱主戰，攻擊李鴻章的外交政策。為促進軍事的近代化，製造兵器、軍需用品，極力推進中國近代工業，漢陽鐵廠，即為其所建之重要企圖。思想、政治主張以洋務論為主，晚年其買辦的傾向性格變得更為濃厚。義和團事件以後，主張漸進的改革。新政運動興起之後，於1907年昇為軍機大臣。

〔註27〕何啟，字沃生。廣東省南海縣人。留學英國，歸國後，於香港任律師。設立醫學校西醫書院。在「華字日報」上唱變法論，為一親英的改良主義者。義和團事件後，傾向革命派。

胡禮垣，字榮懋。廣東省人，出身於商家，幼時居住香港。創「粵報」。1887年以後，與何啟共同批判洋務論，主張議會制，在思想上對洋務運動轉變為變法論的貢獻很大。

〔註28〕小野川秀美：《清末政治思想研究》，日本東京都，みすず書房，1975年4月30日，第二刷印行，頁4。

〔註29〕同上。

〔註30〕同上，頁38～50。

〔註31〕汪榮祖：〈晚清變法思想析論〉，《史學評論》，第一期，台灣成文出版社，中華民國68年7月，頁71。

〔註32〕小野川秀美，前書，頁3。

〔註33〕金耀基：《從傳統到現代》，台北時報文化出版事業有限公司，中華民國68年2月，增訂三版，頁183。

涵。中國文化與西方文化接觸後，立刻形成一個全面的抗阻陣線，而被西方文化衝破的第一道防線就是最外層的器物技術層次，所以，曾、左、李、胡的洋務運動便以「開鐵礦、製船砲」為第一要務，其實，這是任何「非西方社會對西方挑戰的第一層反應」〔註34〕。若就洋務論、變法論、革命論的思想及其相互關係而言，學者又認為從清末洋務運動（1862～1894）的興起，到1911年滿清王朝的崩潰，中國在政治思想上也有兩大論爭。一是洋務派的體制自強思想和變法派的體制改革思想之間的論爭，另一是變法派以立憲君王制為基礎的漸進改良思想，和革命派以排滿共和制為中心的急進革命思想之間的論爭〔註35〕。這裏指出洋務派思想上的特性是「體制自強思想」所以「洋務運動可以說是『外壓』和『內亂』危機的一種對應而造成的運動，採用西洋部分的文物，以補強維持將要崩潰的舊統治體制，乃是一種支配者的自救運動」〔註36〕。從這個現實觀點來看，現代化論者，對洋務運動的評價，太過於偏重「採用西洋文物」的過程，是「任何『非西方』社會對西方挑戰的第一層反應」，僅僅對洋務運動「採用西洋文物」，而在理論上給予合理化的解釋，忽略了洋務運動是在體制內的自強思想，包括以洋務成果鎮壓內亂的特性。

關於「洋務運動的研究，迄今有二個研究方向，一個是對洋務運動的失敗，全部從儒家意識型態上尋求答案，而否定帝國主義的侵略及階級史觀的研究。另外一個是把洋務運動與帝國主義勢力的形成，一齊考察，從社會經濟的基礎上研究洋務運動之發生與崩潰的過程」〔註37〕。前者例如：Wright, Mary Clabaugh, The Last Stand of Chinese Conservatism: The T'ung-Chih Restoration 1862～1874，（Stanford University Press, 1957）。後者例如：中村義〈帝國主義形成期における中國社會構造——洋務運動をめぐって——〉（《歷史學研究》302號，1965年3月）〔註38〕。

在這兩個主要的研究方向之下，關於洋務運動的研究中，有些從「中國之工業化、資本主義化」的層面研究，例如：波多野善大著《中國近代工業史

〔註34〕同上，頁184。

〔註35〕許介鱗：《日本政治論》，台北，聯經出版事業公司，中華民國66年3月，初版，頁174。

〔註36〕許介鱗：《日本と中國における初期立憲思想の比較研究》，頁83～90～92（第83卷第九、十、頁92）。

〔註37〕同上，第83卷9、10號，頁101。

〔註38〕同上。

の研究》（東洋史研究叢刊之九，京都大學文學部內東洋史研究會，昭和 36 年 5 月 10 日）。Feuerwerker, Albert, China Early Industrialization : Sheng Hsuan— Huai（1844～1916）and Mandarin Enterprise, （Cambridge Press 1958）等。因為洋務運動的發展過程是從西洋兵器的輸入，育成了軍事工業，從軍事工業移轉而導入機械工業，更進而由軍事工業轉向民生工業的發展，結果使中國步上工業化（資本主義化）的道路〔註 39〕。

　　軍事工業的育成與防務強化的必然結果，當然波及民生部門的產業開發而有所施策，所以，洋務運動「亦即在實質上的工業化運動」〔註 40〕。而洋務派在推動中國近代工業的過程中，中國出現了四種型態的企業組織，即「官辦（官營）、官督商辦、官商合辦、商辦（民營），中國近代的產業組織經由這種順序發展〔註 41〕。

　　關於洋務運動的研究，學者又從比較的觀點探討，尤其是與日本明治維新之比較研究。十九世紀中期，日本和中國一樣遭受西洋的衝擊（Western impact），如「鴉片戰爭」或「黑船來航」，但「如果以巨視的觀點來考察日本和中國的近代史，則可發現以鴉片戰爭前後為關鍵，兩國的歷史從此走向不同的方向。日本逐漸從閉鎖的國家成為開放的國家，以尊王攘夷論為媒介，斷然實行明治維新，成功地樹立中央集權的獨立國家。相反的，中國雖然有洋務運動、戊戌變法運動、辛亥革命的嘗試，但是卻愈加步上隸屬化的道路，以至陷落半殖民地的地位〔註 42〕。「日本和中國的近代史，幾乎同樣的處於「封建社會」之崩潰時期，也幾乎同時受到「外國的壓力」，然而，為何兩國竟走上不同的道路呢？諸如此類的比較研究很多，例如：在哈佛大學出身，研究日本現代化論，以《日本的經濟發展》（The Economic Development of Japan: Growth and Structural Change 1863～1938 Princeton, New Jersey 1954）一書而聞名的洛克伍（William W. Lockwood 1906～1978），在一九五六年發表的論文〈日本對西洋的反應：與中國比較〉（"Japan's Response to the West:

〔註 39〕同上，頁 96。
〔註 40〕王爾敏：前書，頁 8。
　　　　或參閱全漢昇：〈甲午戰爭以前的中國工業化運動〉，《歷史語言研究所集刊》二五期，中央研究院歷史語言研究所出版，中華民國 43 年 6 月，頁 59～79。
〔註 41〕波多野善大：《中國近代工業史の研究》，東洋史研究叢刊之九，京都大學文學部內東洋史研究會出版，1961 年 5 月 10 日，第一版印刷，頁 272。
〔註 42〕許介鱗：《日本政治論》，頁 264。

The Contrast with China", World Politics, No. 1, vol, IX Oct. 1956）中，他認為「日本和中國的一個最明顯差異，是看有無國家層次的社會連帶感（Social Solidality at the national level）。日本有國家主義的強烈感情，以及全國統一的力量，這是日本的西洋化或現代化的基本衝力。然而中國的儒教「國家」（Confucian State），他引用費正清（John K. Fairbank 1907～1991）的話，是「一個特殊的非國家的機構」（a peculiarly non-national Institution），缺乏國家的觀念〔註43〕。另一位哈佛出身的日本通，曾任駐日大使的賴謝和（Edwin O. Reischauer 1910～1990），他和費正清共同主持哈佛燕京學社和哈佛大學東亞研究中心，並共同出版了二卷有關東亞的專書，第一卷是《東亞：偉大的傳統》（Edwin O. Reischauer, John K. Fairbank, East Asia: The Great Tradition, Boston, 1958）。第二卷是《東亞：現代的轉變》（John K. Fairbank, Edwin O. Rcischauer, Albert M. Craig, East Asia: The Modern Transformation, Boston, 1964）。1963 年，他在日本的著名雜誌《中央公論》1963 年 3 月號，發表〈日本と中國の近代化〉（日本和中國的現代化）。他認為：中國的現代化非常遲緩而日本則能很快達成現代化，即兩國之間現代化速度上的差異，原因在於兩國人的對外觀、價值觀、思想等無形因素」〔註44〕。對外觀的不同，「當十九世紀中葉，兩國接觸到西方優越的武器和經濟制度，日本人卻率先學習，相反的，中國人則無動於衷。這是導源於兩國的傳統對外界文化的反應不同所致」〔註45〕。對外反應的多樣性，「十九世紀封建制度下的日本，比起中央集權國家的中國，更能呈現出各色各樣的反應。日本被分割為二百六十多個藩，其中有半數以上的藩，因為經濟情勢惡化、政治問題牽累，對外反應消極。但是，一部份的藩，具有表示反應的能力，並且反應得多采多姿。……相反的，中國是中央集權的政府，即使當時的地方政府有意表示反應，如果中央政府認為不妥，就加以壓制」〔註46〕。企業精神方面：「促進日本走向現代化的原因之一是，德川時代有安定的封建制，比中國的中央集權君主制，對經濟成長更有促進作用。中國的中央政府，對有利的新興事業就課以重稅，

〔註43〕William W. Lockwood, "Japan's Response to the West : The contrast with China", World Politics, No.l, Vol. 1X,（Oct. 1956），P.47.

〔註44〕エドウイン・〇・ライシャワ（Edwin O. Reischauer）：〈日本と中國の近代化〉，中央公論，1963 年 3 月號，頁 60。

〔註45〕同上，頁 64～65。

〔註46〕同上，頁 65。

變成國家的壟斷事業，而扼殺民間的企業」〔註47〕。價值觀方面：「日本人與其說是『地位志向型』（Status Orientation），不如說是『目標志向型』（Goal Orientation）。十九世紀日本的志士，志向並不限定於政界或官界的地位，而常以其他行業的成就為抱負」，如土佐藩武力階級出身的岩崎彌太郎，白手起家創辦事業，而成為今日的三菱財閥。相反的，中國是「地位志向型」，「最具典型的是清末建立了現代工業基礎的盛宣懷，他寧可不當實業家而要保留官職，即只重視政治上的地位〔註48〕。

　　在同樣的問題意識下，日本學習也將明治維新和洋務運動作比較研究：「日本在戰前就有所謂『講座派』的學者，從兩國國內的因素去把握，亦即，將中日兩國命運的不同，求諸於經濟發展階級的差異」〔註49〕，從經濟史領域研究的學者有服部之總，堀江英一等〔註50〕。但因經濟史的比較研究陷入困境（例如，中國經濟史的研究，因幅員廣大，資料蒐集不易，而正在開發的狀態，尚未達到精密，實證的地步），日本學者又將兩國命運的差異求諸於政治史的過程，尤其是以日本的明治維新和中國的洋務運動來比較。他們認為明治維新是「絕對主義」式政治支配的開始，而洋務運動是跟外國勢力勾結的買辦軍閥政治的抬頭〔註51〕。從政治史領域研究的學者，如：平野義太郎〈中國と日本の近代化の比較〉（中國研究所紀要第二號《中國近代化と日本》所收，1963年），和遠山茂樹之〈東アジア的歷史像の檢討——近現代史の立場から——〉（幼方直吉等編《歷史像再構成の課題，歷史學の方法とアジア》所收，御茶の水書房，1969）等。遠山氏在該文中的第二節「明治維新、同治中興與東亞」中指出，比較洋務派的政策和大久保政權的政策，在本質上兩者之方向可以說是相同的，但是大久保政權的特點是國權主義，而洋務派的特質是買辦性〔註52〕，在1864～1884年，中日兩國的步調在基本上是一樣的，如果說其中有差距，充其量也只不過是發展速度上和

〔註47〕同上，頁67。

〔註48〕同上，頁65～66。

〔註49〕許介鱗：《日本政治國》，頁107～108。

〔註50〕服部之總的代表著作為《服部之總著作集》，堀江英一的代表著作為《封建社會における資本の存在形》。

〔註51〕許介鱗：《日本政治論》，頁108。

〔註52〕幼方直吉、遠山茂樹、田中正俊合編：《歷史像再構成の課題——歷史學の方法とアジア》，東京，御茶の水書房，一九六九年七月一五日，第三刷，頁26。

量上之差而已〔註53〕，但中日甲午戰爭後，洋務官僚的買辦性格變得更加濃厚〔註54〕，而使中日兩國從此步上不同的型態發展，日本成為資本主義國家，而中國卻淪為次殖民國家〔註55〕。

　　芝原拓自・藤田敬一在檢討明治維新與洋務運動比較研究上所發生的論爭時（《明治維新と洋務運動──かの三十年來の論爭點にふれて──》），對於中國在十九世紀以後逐漸淪為半殖民地化的根本原因，也從政治史的觀點提出看法，他們認為洋務運動初期的實際內容是反革命的地主和官僚勢力結合為一體，並依靠英法等列強，鎮壓太平天國和捻軍〔註56〕，所以洋務派求自強是求自己集團之自強，不是求全中國的自強：口頭上是「自強」以「禦侮」，實際上是以「防內」為重點，而沒有「對外」之意圖〔註57〕。

　　從以上的討論，可以發現洋務運動在近百年來的「現代化過程中」，扮演了「現代化論者」所謂的任何「非西方社會接觸西方社會的第一層反應──器物技能層次的現代化之推動者。從中國進入工業化的發展史觀點，洋務運動是以軍事工業為中心的近代化運動，但也促成民生工業的發展，推動了中國資本主義的萌芽。若把問題擺在十九世紀中後期，中國和日本同樣遭受「西洋的衝擊」，但日本何以能夠在短期間內迅速的現代化？而中國之現代化又為何腳步如此遲緩？因此，就求之於明治維新與洋務運動之比較研究上，企圖解釋日本經過明治維新走上獨立的資本主義國家，而中國在西洋的衝擊後，也產生洋務運動，但卻步入與日本不同命運的半殖民地化的國家，不是沒有原因的。西方的學者，如費正清、洛克伍，認為根本的差異在日本有國家主義、國家觀念，中國於此則略感缺乏；賴謝和將兩國之間現代化速度的差異，求之兩國人的對外觀、價值觀、思想等無形因素，並就結構上之不同，認為日本的條件有利於現代化，中國的條件則相當不利於現代化。

　　日本的學者，最先求之於兩國經濟發展的差異，以比較經濟史的方法探討，結果陷入困境；後來，如遠山茂樹等則求之於洋務運動與明治維新的政治過程，結果發現：日本明治維新是「絕對主義」式政治支配的開始，在國權主義下積極的「開國」，推行殖產興業（資本主義化），與文明開化，而造成日

〔註53〕同上，頁45。
〔註54〕同上，頁27。
〔註55〕同上，頁23。
〔註56〕同上，頁56。
〔註57〕同上，頁57。

本的「富國強兵」。反觀中國的洋務運動，是跟外國勢力勾結的買辦軍閥政治的抬頭，在買辦的性格下，從西洋購買軍艦大炮等兵器，還訓練了西洋式的軍隊，設立了西洋式的學館，派遣了海外留學生，同時也創辦培養技術人才的設施，想以官僚資本開發中國的產業。可是這些洋務運動的動機始終是局限於消極的「防禦策」，而缺乏主動的開國進取的因素〔註58〕。因之，洋務運動雖然是以「禦海之資，自強之本」為招牌，事實上很難全盤否定其勾結外國利益的買辦性格。對於西洋的軍備、技術的採用，在意識形態上也是以自己本身的利益為重，例如曾國藩的湘軍和李鴻章的淮軍，均以自己家鄉利益和防衛為本。以至其後的中國歷史，不是向統一而獨立的國家進行，而是向地方割據的軍閥政治倒退〔註59〕。

　　由上面的探討中可以發現美國學者與日本學者，對日本在明治維新以後就走上現代化，而中國在洋務運動之後，尚無法走上現代化，對這個問題，因兩國學者所採取的研究方法及問題，深感其中必有值得深思的緣故，因此，興起了研究洋務運動的動機。

　　筆者採取區域研究（Area Study）方式〔註60〕，選定清末台灣洋務運動作為研究對象，希望從台灣洋務運動的區域性研究達到筆者研究洋務運動的目的。選定台灣洋務運動作為研究對象的理由至少有下列三種：

第一、台灣在地理位置的特殊性——孤懸海外的島嶼。

第二、清末台灣社會、經濟環境的特殊性。

第三、台灣近百年來，社會、經濟、政治發展過程的特殊性。

　　關於上述三點，是就整個中國而論台灣地區所具備的特殊性。以第一個特殊性而言，島嶼地區是否特別具備適於現代化的有利條件呢？近代產業革命發生於島國的英國，東亞最早現代化的國家也是屬於島國的日本，因此，純島嶼形態的台灣，是否也具備了有利於現代化的條件？值得吾人作為研究的對象。

〔註58〕許介鱗：《日本政治論》，頁159。

〔註59〕同上，頁160。

〔註60〕區域研究（Area study）：

民國62年至68年8月，中央研究院近代史研究所曾從區域角度著手探討中國近代化，這個研究即「中國近代化之區域研究，1860～1916」，分由國內名史學家就各個區域進行研究，四川省——呂實強，湖南省——張明園，江蘇省——王樹槐，上海——陳三井，東三省——趙中孚，山東省——張玉法，湖北省——張雲峰，直隸省——林明德，閩浙地區——李國祁。

以第二個特殊性而言，因為台灣在清末時尚是一塊新開拓的地方，尤其是中北部地區的新開拓地。新開拓地的社會、經濟結構當然異於大陸本土，而且，清末台灣在經濟發展上已經具備相當的規模，在這種特殊的社會、經濟結構下，是否有利於洋務運動的推行，頗值得作為研究之對象。

第三個特殊性是台灣百年來的社會、經濟、政治發展過程上的特殊性，這些特殊性對台灣現代化的影響如何？對研究現代化者而言，這是一個很好的研究對象，清末台灣洋務運動是推動台灣初期現代化的運動，在整個台灣現代化過程上，當然有其重要性，要研究台灣百年來的現代化，就需從清末洋務運動開始。

關於第三個理由，仍然需要進一步的說明，不過，僅借用故陳紹馨教授的看法，為筆者何以研究清末台灣洋務運動的理由作註腳。陳氏將台灣百年來現代化的過程分為四個階段：

（1）前近代階段（Pre-modern age）

（2）現代化開始期（Initial Stage of Modernization）

（3）殖民地式現代化期（Stage of Colonial Modernization）

（4）自主性現代化期（Stage of Autonomous Modernization）〔註61〕

依陳氏的看法，台灣洋務運動是處於台灣百年來現代化過程中的「開始期」，同時陳氏從現代化的觀點評論劉銘傳：「曾經有偉大的維新措施，但因當時的社會過於保守，故未能成功」〔註62〕，陳氏指出洋務運動是台灣現代化過程中的開始期，這種說法，筆者以為尚無不妥之處，但陳氏認為台灣洋務運動時期，由於當時台灣的社會過於保守而未能成功，此說實有商榷的必要，在本論文中，筆者將作深入的分析。

陳氏認為洋務運動並未促成台灣的現代化，直到日據時期，「日人以警察力量推行各種『改良』，故效果甚著」，才使台灣在二十世紀初年已逐漸現代化〔註63〕。將台灣在二十世紀初年已逐漸現代化的功勞歸給日本警察，而卻

〔註61〕陳紹馨：〈中國社會文化研究的實驗室——台灣〉，中央研究院民族學研究所，《民族學研究所集刊》，第22期，中華民國55年秋季，頁9～14。

陳紹馨：〈中國社會文化變遷研究的「實驗室」：台灣〉，載台灣研究在中國史學上的地位，國立台灣大學考古人類學系，《考古人類學刊》，第28期，中華民國55年11月，頁54～56。

〔註62〕同上，頁10。

〔註63〕同上。

忽略了清末洋務運動對殖民地式現代化的影響，他忽視，甚至切斷了清末台灣經濟發展與日據時代經濟發展之間應有的關連。所以，陳氏在評斷劉銘傳所推行的現代化（洋務運動）並未成功時，不能夠同時否定了洋務運動對台灣的社會、經濟所產生的作用，此作用之影響很可能成為日據後台灣經濟發展或近代化的重要因素〔註64〕。

　　從以上三個理由來看，作者認為以清末台灣洋務運動作為研究對象，不但有助於了解整洋務運動的進行過程、性質，及中國現代化遲緩的原因，還可以了解清末台灣洋務運動在台灣現代化過程中具有何種重要的地位及影響。

　　下面再檢討目前對清末台灣洋務運動的研究成果，希望從這些研究成果得到許多寶貴的研究經驗，做為本論文的研究參考。

　　日本治台後，因為缺乏殖民統治的經驗，又為了統治上的需要，成立臨時台灣舊慣調查會，不惜經費、動員日本一流學者，調查台灣法制、行政、經濟、社會、習俗等事項〔註65〕，因而留下了清末洋務運動許多重要資料。1904 年（明治三十八年）《台灣文化志》作者伊能嘉矩完成了《台灣巡撫としての劉銘傳》一書，可以說是日據時代一部台灣洋務運動的重要研究專書〔註66〕。

〔註64〕戴國輝：〈清末台灣の一考察——日本による台灣統治の史的理解と開連して〉，《日本法とアジア，仁井田陞博士追悼論文集》，第三卷，勁草書房，1970 年 5 月 30 日，第一刷發行，頁 280。
　　　　或參閱涂照彥：《日本帝國主義下の台灣》，東京都，東京大學出版會，1975年 6 月 30 日，初版，頁 19〜30。
〔註65〕Ramon H. Myers, "The Research of the Commissions for the Investigation of Traditional Customs in Taiwan", Ching-shih Wen-ti, No. 6, Vol. 11,（June 1971），PP. 24〜44.
〔註66〕伊能嘉矩：《台灣巡撫としての劉銘傳》，台北新高堂書店，明治三十八年 6 月發行。
　　　　又伊能嘉矩其他有關的研究成果有：
　　　　蕉鹿夢：〈劉巡撫末路史評〉，《台灣時報》，第 90 號，東洋協會台灣分會編，大正六年 3 月 15 日，頁 20〜24。
　　　　梅陰生：〈劉銘傳的半面〉，《台灣慣習記事》第 5 卷 12 月 13 日，明治三十八年 12 月 13 日，頁 1515。
　　　　蕉鹿夢：〈近代の清朝を背景とする劉銘傳の公生涯並に其逸學（一）、（二）、（三）〉，《台灣時報》大正十二年 3 月號（一），頁 50〜51，四月號（二），頁 122〜123，7 月號（三），頁 42〜43。

日本終戰撤台後，尤其在國民政府遷台以後，清末台灣洋務運動格外地為學者注意，而注意的焦點集中在台灣首任巡撫劉銘傳，劉銘傳乃成為被研究的對象。〔註67〕

在這種背景下，清末台灣洋務運動成為被研究課題，民國41年11月～12月，名史學家郭廷以在《大陸雜誌》第五卷第九、十、十一期發表〈甲午戰前的台灣經營——沈葆楨、丁日昌與劉銘傳——〉（收錄於大陸雜誌史學叢書第一輯第七冊）〔註68〕。郭氏又於《台灣史事概說》第七章建省前後，討論台灣洋務運動（該書於民國43年3月出版）〔註69〕。民國42年8月台灣省文獻委員會出版《文獻專刊劉銘傳特輯》〔註70〕。民國45年9月，胥端甫著《劉銘傳史話》一書（民國五十九年三月台灣商務印書館印行）。以後有關台灣洋務運動的研究作品更多，但是最重要的成就則為台灣銀行經濟研究室出版了大量「台灣文獻叢刊」，其中關於清末台灣洋務運動之文獻資料甚多，為研究者提供了研究資料參考上的方便，因而有關清末台灣的研究，作品愈來愈多。民國55年10月5日、11月8日，「台灣研究研討會」第七次、第八次集會也以「清末的台灣」與「台灣的近代化」為題，進行討論〔註71〕。

就筆者所知，與清末洋務運動有關的研究（專題研究與專書）如下：

〔註67〕胥端甫：《劉銘傳史話》，台北，台灣商務印書館股份有限公司，中華民國59年3月，初版，頁10。

〔註68〕郭廷以：〈甲午戰前的台灣經營——沈葆楨、丁日昌與劉銘傳〉，《大陸雜誌》，第5卷，第9、10、11期，中華民國41年11～12月，參閱收錄於大陸雜誌史學叢書第一輯第七冊，頁152～163。

〔註69〕郭廷以：《台灣史事概說》，台北，正中書局，中華民國64年2月台六版，頁178～210。

〔註70〕民國42年8月27日台灣省文獻委員會出版文獻專刊，第四卷，第一、二期——劉銘傳等輯，其內容：
陳世慶：〈劉銘傳本傳〉。胥端甫：〈劉銘傳年譜〉。李騰嶽：〈建省始末〉。郭海鳴：〈清賦〉。林衡立：〈撫墾〉。陳世慶：〈交通建設〉。賀嗣章：〈產業開發及教育設施〉。廖漢臣：〈籌防〉。陳漢光：〈平法戰紀〉。楊雲萍：〈劉壯肅公奏議補遺〉。毛一波：〈劉銘傳之詩〉。鷺邨生：〈摭談〉。

〔註71〕台灣研究研討會，從民國54年12月8日起，台灣大學歷史系和考古系合辦了十四次至56年5月7日而止，每次參加者二、三十人，座談會和研討會都有記錄發表於台大考古人類學刊第四和第五種。
請參閱方豪：〈台灣史研究的回顧與前瞻〉，《國立台灣大學三十週年校慶專刊》，中華民國65年3月，頁1～9。

（1）江丙坤：《台灣田賦改革事業之研究》（中華民國 61 年 6 月）
〔註72〕。

（2）李偉：《台灣建省經過及其影響》（政大政治研究所碩士論文，民國
55 年 7 月）。

（3）黃富三：《劉銘傳清賦事業與土地改革》（台大歷史研究所碩士論文，
民國 56 年 7 月）。

（4）蕭正勝：《劉銘傳與台灣建設》（私立文化學院政治研究所碩士論文，
民國 59 年）。

（5）蕭正勝：《甲午戰前台灣洋務運動之研究（1874～1894）》（民國 60
年，文化學院政治系國科會補助研究論文）。

（6）張勝彥：《台灣建省之研究》（台灣大學歷史研究所碩士論文，民國
63 年 6 月）。

（7）張炎憲：《清代治台政策》（台灣大學歷史研究所碩士論文，民國 63
年 6 月）。

（8）黃嘉謨：《甲午戰前之台灣煤務》（中央研究院近代史研究所專刊
（2），中華民國 50 年 5 月）。

（9）黃嘉謨：《美國與台灣》（中央研究院近代史研究所專刊（14），中
華民國 55 年 12 月）。

（10）呂實強：《丁日昌與自強運動》（中央研究院近代史研究所專刊
（30），中華民國 61 年 12 月）。

（11）張世賢：《晚清治台政策，1874～1895》（國立政治大學政治研究
院所博士論文，民國 65 年 5 月）。

（12）David Pong（龐百騰），Modernization and Politics in China as Seen
in the Career of Shen peo-chen（1820～1879）（Universieyt of London dissertation,
1969）。

（13）William M. Speidel, Liu Ming- Chuan in Taiwan 1884～1891（Yale
university dissertation, 1967）。

〔註72〕請參閱江丙坤：《台灣田賦改革事業之研究》，台灣銀行經濟研究室編印，台
　　　　灣研究叢刊第一〇八種，頁 1。

　　西方學者除了史威廉（William M. Speidel）以外，尚有四名學者以劉銘傳為研究對象〔註73〕。此外，除以上之成果外，尚有台灣史蹟源流研究會六十七年會友年會編印，劉銘傳專刊；劉振魯編著，劉銘傳傳（台灣省文獻委員會編印，台灣先賢先烈專輯第六輯，民國 68 年 6 月）。

　　其他散見於各雜誌或書籍中之論文為數亦不少，如：

　　（1）曹永和：〈清季在台灣之自強運動──沈葆楨之政績〉《中華文化復興月刊》，第八卷第十二期，民國 64 年 12 月。

　　（2）李國祁：〈清季台灣的政治近代化──開山撫番與建省〉《中華文化復興月刊》，第八卷第十二期，民國 64 年 12 月。

　　（3）黃富三：〈劉銘傳與台灣的近代化〉《台灣史研討會紀錄》，台灣大學歷史學系，民國 97 年 6 月。

　　（4）謝浩：〈台灣近代化的先驅──丁日昌〉《台灣文獻》直字第 45、46 號，民國 67 年 12 月。

　　（5）史威廉、王世慶：〈劉璈事蹟〉《台灣文獻》直字第 33 期，民國 65 年。

　　（6）Samuel C. Chu, "Liu Ming- Chuna and Moderization of Taiwan", The Jounal of Asian Studies, No. 1, vol.23, 1963。

　　（7）William M. Speidel, "The Administrative and Fiscal Reforms of Liu Ming-Chuan in Taiwan, 1884～1891: Foundation for Self-strenthening" The Journal of Asian Studies, No.3, Vol.35, May 1976。

　　（8）王淑榮：〈清末台灣自強運動的研究〉《台灣師專學報》7、8 期，台灣省立台北師範專科學校印行，中華民國 68 年 2 月─7 期，中華民國 69 年 2 月─8 期。

　　（9）張勝彥：〈清代台灣省について〉《東洋史研究》，第三十四卷第三號，昭和 50 年 12 月發行。

　　（10）戴國輝：〈清末台灣の一考察──日本による台灣統治の史的理解と關連して〉《日本法とアジア，仁井田陞博士追悼論文集》第三卷，勁草書房，1970 年 5 月 30 日。

〔註73〕William M. Speidel, "Comments on the study of Pre～1895 Taiwan", Ching-shih Wen-ti, No. 2, Vol. 1,（1966），P. 10.

　　另外一部清末台灣經濟研究的專論是林滿紅著作的《茶、糖、樟腦業與晚清台灣的經濟社會變遷（1960～1895 年）》（台灣大學歷史研究所碩士論文，中華民國 65 年），該論文很詳細的指出清末台灣經濟發展的實況。由林滿紅對清末台灣經濟研究成果，對於清末台灣洋務運動之研究提供了很多方便之處，也可以使本研究從經濟發展的角度深入探討洋務運動與台灣經濟發展的關係。

　　以上諸學者的研究論文中，除戴國輝〈清末台灣的一考察〉外，大都沒有從清末整個洋務運動的觀點來分析台灣洋務運動，所以未能完全把握台灣洋務運動的歷史特性。洋務運動是「外壓」和「內亂」之下的一種應對之策，但是就台灣洋務運動而言，在性質上略有不同，「外壓」當然是主要因素，但就當時的台灣而言，並無足以動搖清廷統治台灣基礎的「內亂」，所以台灣洋務運動並不具有壓制「內亂」的性質，反而是清末的台灣經濟發展正需要導入洋務運動以推動快速的經濟成長。因而，台灣洋務運動在性質上固然是「外壓」的對應之策，但同時也具有「內在需求」的性質。

　　本論文的研究目的就是希望在全盤的洋務運動之觀點下，就洋務官僚如何在台灣推行洋務運動，以達到強化台灣防衛力量，做為東南七省防衛的門戶，同時注意洋務運動與清末台灣經濟發展的關係——即由於洋務運動在台的推行，推動了台灣資本主義社會型態的形成。

第一章　台灣洋務運動的背景

第一節　台灣開發簡史

　　戰國時代（西元前 403～221 年）一部重要的地理書《禹貢》中之「島夷」，《前漢書》（約在西元 82 年前後寫成）地理志中之「東鯷」，陳壽（西元 223～297 年）著《三國志》中之「夷州」等，論者都主張「島夷」、「東鯷」、「夷州」指的是台灣，能否成為定說，尚需要考證〔註 1〕。

　　目前學術界公認台灣史最古的正式記載是紀元三世紀中葉，沈瑩的《臨海水土志》，沈瑩是三國時代吳國人，在《三國志》的〈孫權傳〉中，記載吳國黃龍二年（西元 230 年），孫權派衛溫和諸葛直帶兵萬人赴夷州，在文字記載上，這是一次中國大陸和台灣最大規模的接觸〔註 2〕。

　　其後，從三國的吳，經兩晉南北朝到隋代的三個世紀間，目前為止尚未發現與台灣有關的文獻資料〔註 3〕。六世紀末至七世紀初，隋朝統一了南北分裂的中國，並乘勢經略台灣。

　　由現存文獻中知道，中國大陸和台灣有第二回大規模的接觸。《隋書》之〈流求國傳〉有隋煬帝於 607 年派遣朱寬和何蠻前往台灣「訪異俗」，三年後

〔註 1〕盛清沂主編，王詩琅、王世慶校訂：《台灣省開闢資料彙編》，台中，台灣省文獻委員會印行，中華民國 61 年 7 月出版，頁 1～10。
〔註 2〕同上，頁 11～23。
　　　　曹永和：〈明鄭時期以前之台灣〉，《台灣史論叢》第一輯（黃富三、曹永和主編），台北，眾文圖書公司，中華民國 69 年 4 月，頁 42。
〔註 3〕曹永和，前文，頁 43。

（即大業六年，610 年），陳稜和張鎮州率萬人，從廣東的潮州經澎湖群島遠征台灣〔註4〕。

當時台灣的原住民高山族，過著最原始的社會經濟生活，他們尚不知利用鐵，利用比較進步的石器開墾。〈流求國傳〉中記載：耕作方式是燒田方式，沒有牛、馬、羊，但有很多的豬和雞〔註5〕。

前記台灣的接觸，從封建的王朝來說，因缺乏經濟價值，土著民風又「未開蒙昧」，對邊疆孤島的台灣，只是進行一時的（暫時性）軍事上經略。

除了封建王朝的主動遠征之外，還有大陸東南沿岸住民也曾漂流到台灣。

另一方面，從台灣對大陸的接觸，依宋代的文獻（宋樓鑰撰《攻媿集》卷 88〈汪大猷之行狀〉）中記載：毗舍耶人（高山族）在宋代有侵入平湖（澎湖）之事〔註6〕。又著名的《諸蕃志》（南宋・趙汝適著）中記載：淳熙年間（1174～89 年）高山族到達福建泉州的水澳、圍頭村，傳說有「暴行、奪鐵器」諸行為〔註7〕。

上述的記載中，值得注意的是：奪取之對象為鐵器〔註8〕，從台灣來對中國大陸的侵襲，可以想像當時高山族中，巧於操竹筏或獨木舟的部族，其航路是從南台灣到平湖，以平湖為中繼地，侵襲福建南部。

以台南周圍為中心所挖掘的宋代石器、古錢等物品來看，漢民族的政治、經濟、文化的活動中心向江南移行過程中，大陸和台灣新的接觸也急速的進行〔註9〕。

事實上，元世祖忽必烈攻打日本（元寇，第一次為 1282 年，第二次為 1287 年，兩次均遭到失敗）後，為伸張國力，於 1292 年派楊祥前往台灣試行招撫，但高山族卻無反應。成宗元貞三年（1297 年）福建省長（平章）高興，派部下赴台灣遠征（《元史》之〈瑠求傳〉）〔註10〕。做為經略的一環，元朝政府在澎湖設立了台灣最初的地方行政機構「巡檢司」（元汪大洲著《島

〔註4〕盛清沂主編：王詩琅、王世慶校訂：前書，頁 23～24。曹永和，前文，頁 43。
〔註5〕同上，頁 24～25。
〔註6〕同上，頁 64～65。曹永和，前文，頁 44。
〔註7〕同上，頁 65～66。
〔註8〕同上，頁 66。
〔註9〕同上，頁 83～84。
〔註10〕同上，頁 87～91。曹永和，前文，頁 45。

夷志略》）〔註11〕，這是台灣史新的一幕，為劃時代的政治事件。

《島夷志略》中記載，台灣居民和大陸間的交易品中，高山族是以鹿、豹等的獸皮和獸角等物交換大陸出產的珍珠、瑪瑙等裝飾品，加上浙江出產的磁器〔註12〕。前述政治力的滲透和經濟活動，值得注意。

明朝時代鄭和七次遠征西洋（今之南洋），《明會典》記載：鄭和的遠征軍曾在赤崁（今之台南）補給水〔註13〕。此外，台灣民間流傳許多有關「三保太監」（鄭和）的故事。

明代關於鄭和的故事外，還有許多有關於林道乾的民間傳說，林道乾是廣東省潮州人，由縣役而轉入反體制活動，十六世紀中葉以後，和當時倭寇勢力相通，獨霸東南沿岸台灣海峽一帶，成為民間海上武裝貿易集團。台灣以烏水溝（台灣海峽）為天然之險，是活動最好的基地，漸漸地成為反體制活動之本營，漢民移居者，以海盜行為進行掠奪，並利用農民，在台南周圍進行局部的農業開發〔註14〕。

林道乾以台灣為基地，而廣東省饒平的林鳳（別號阿鳳），則獨霸南海。林氏生於嘉靖年間，自幼四處流浪旅行，後來成為海盜，開始時以澎湖島為基地，明萬曆年間（1573年）為福建總兵（司令官）胡守仁所擊敗，逃至台灣，翌年又被追趕，後來在菲律賓建立一個小王國。在與西班牙的交戰中，因戰敗而滅亡〔註15〕。

從現存可見的史料中，十六世紀中葉到末葉，漢民族在台灣的活動中，主要是利用台灣做為海盜的基地並進行開發，但是他們開發台灣的目的，不過是為達到基地上農產物的自給罷了。

同時，十五世紀末葉歐洲人發現新航路，在新殖民地求取香料，進出於東亞。特別是葡萄牙人，從麻六半島的麻六甲，經中國大陸的華南，延伸日本。1540年代以平戶為根據地和日本做貿易，1557年向明朝提出開放貿易門戶（澳門）的要求〔註16〕。

〔註11〕同上，頁91～93。曹永和，前文，頁46。

〔註12〕同上，頁95。

〔註13〕同上，頁112、110或119。

〔註14〕同上，頁125。

〔註15〕同上，頁135～137。

〔註16〕傅啟學：《中國外交史》，台北，台灣商務印書館發行，中華民國61年4月改訂一版，頁25～29。

如此開啟了東亞新的國際關係，台灣也成為葡萄牙人注目的地方，在北上前往日本的途中，從遠遠的海上發現台灣島，嘆為美麗之島 ILHA FORMOSA〔註17〕。

一般論者都認為漢族真正在台灣的開發是以顏思齊為開始。顏氏出生在福建海澄，從事手工業，後來到日本，最後移居台灣，以北港為中心，進行開發經營，時為 1619 年前後數年〔註18〕。

國姓爺鄭成功之父鄭芝龍，繼顏思齊成為台灣的統治者，鄭氏一面在台灣試行開發，一面以台灣做為活動的中心，進行貿易及海盜行動〔註19〕。

在鄭芝龍前後出現的有葡萄牙人、西班牙人，與此二國在東方爭取貿易勢力圈的還有荷蘭人。而荷蘭人在被當時佔據菲律賓的西班牙人與澳門的葡萄牙人打敗後，於 1603 年（萬曆三年）佔據澎湖〔註20〕。

最初，明朝當局對荷蘭人占領澎湖並不介意，直到荷蘭人在澎湖大興土木，企圖建築要塞，明朝當局才驅逐荷蘭人〔註21〕。

被逐出的荷蘭人，曾經於 1622 年在馬公築城砲台。明朝福建巡檢司的南居益率海軍（當時水師）攻打，非但不能一舉驅逐荷蘭人，反而使荷蘭人的大艦隊進兵福建沿海地方，兩面展開作戰〔註22〕。

倭寇等是明朝最大的海犯，為確保福建沿海地方的安全，以撤出澎湖諸島為條件，准許荷蘭東印度公司據有台灣本島（當時台灣本島是海盜、謀叛集團之巢穴），並准和中國民間通商貿易〔註23〕。

1624 年，荷蘭人開始在安平築熱蘭遮城，1625 年在赤崁築普羅民遮（PROVINTIE），以台南附近地區為中心，開始進行重商主義的殖民地經營〔註24〕。

〔註17〕盛清沂主編，王詩琅、王世慶校訂：前書，頁 142～143。另，依據學者翁佳音的考証，1584 年西班牙船長航經台灣時，在航海誌上說「美麗之島」（As Ilhas Fermosas）。參見翁佳音、黃驗合著，《解碼臺灣史 1550～1720》，遠流出版，2017 年 12 月 10 日初版三刷，頁 40。

〔註18〕連雅堂：《台灣通史》，古亭書屋，民國 62 年 6 月 15 影本〈顏鄭列傳〉，頁 815～816。

〔註19〕同上。

〔註20〕曹永和，前文，頁 54～55。

〔註21〕盛清沂主編，王詩琅、王世慶校訂：前書，頁 193。

〔註22〕同上。

〔註23〕同上，頁 195。

〔註24〕翁佳音、黃驗合著，《解碼臺灣史 1550～1720》，遠流出版有限公司，2017 年 12 月 10 日，初版三刷，頁 95、頁 104。

　　由於荷蘭人在台南周圍築城，並與日本進行貿易，使得當時霸據菲律賓的西班牙人因而大為驚恐，害怕荷蘭人獨佔對中國之貿易，遂於 1626 年在台灣北部形成自己的勢力圈，並在鷄籠和淡水築城，用來對抗荷蘭人〔註 25〕。

　　當時台灣所形成的統治局面為：荷蘭人在台南附近地區；鄭芝龍集團在北港周圍；西班牙人在北部。此三大勢力中，以實行殖民地政策的荷蘭東印度公司為最大。那時以台南為中心的秘密貿易盛極一時，後來，荷蘭以軍事力量干涉貿易，並對中國商人和日本商人課徵重稅，因此，荷蘭人逐漸遭受排斥，從日本人濱田彌兵衛與荷蘭人之間在台南所發生的衝突事件，不難了解上述情況〔註 26〕。

　　其間並未傳聞任何鄭氏集團與荷蘭人之間的衝突事件，鄭氏將中國大陸的物資（生絲和陶器為主）轉手給荷蘭人，並將荷蘭人運來台的物資（金屬類、藥材及爪哇一帶的香料）轉運中國大陸，更將在台灣農業開發出產的米、糖等運往日本〔註 27〕，鄭氏集團與荷蘭人的關係、日本商人與荷蘭人之間並無矛盾或衝突，呈現出一種互補且共存的關係。

　　鄭氏集團在本質上就是武裝貿易集團，為強化他的根據地，在 1628 年，鄭芝龍招募了數萬福建省民到台灣，每人給銀三兩，每三人給一頭牛，積極展開農業開拓〔註 28〕。

　　荷蘭人也學習鄭芝龍的策略，一面由福建、廣東招募居民到台灣從事米和甘蔗的農業開發，一面安撫高山族，其目的在取得大量山區的鹿皮銷到德川時代的日本，鹿角和鹿肉則賣到中國大陸獲取利潤，並趁餘威，在 1642 年趕走了占據台灣北部的西班牙人〔註 29〕。

　　1650 年代，荷蘭人將統治的根據地由安平移進台南，為強化統治，向漢族系居民徵收人頭稅，年約徵三萬三千七百里爾；徵狩獵稅每人約一里爾，稅收達三萬六千里爾。贌社稅（番產交易稅）、漁業稅、屠宰稅、釀酒稅和從事貿易之利潤，一年計有三十萬盾（GUILDER）殖民地利潤〔註 30〕。從

〔註 25〕曹永和，前文，頁 57～59。

〔註 26〕曹永和：前文，頁 61～62。

〔註 27〕同上，頁 69、85。

〔註 28〕盛清沂主編，王詩琅、王世慶校訂：前書，頁 244～245。

〔註 29〕傅啟學：前書，頁 41。

〔註 30〕戴國煇：〈台灣略史〉，《高校教育社會科資料》第 8 期，1971 年 10 月，收錄於戴國煇：《日本人とアジア》，東京，新人物往來社，1973 年 10 月 15 日，初版發行，頁 160。

1624 到 44 年，大約二十年間，從中國大陸移住台灣的漢人，約二萬五千戶〔註31〕。依此推計，1644 年間的台灣，約有三萬戶的漢人居民，總數為十萬人〔註32〕。這個數字可能只推計台南附近居民戶數及人口數，似乎沒有包括全西部人口在內。

所以，1651 年就漢人居民七歲以上課徵每人四里爾的人頭稅來計算，一年共課稅三三、七〇〇里爾，因此推算回去，則荷蘭統治區的漢人住民未滿一萬人〔註33〕。

荷蘭統治區的漢人居民人口數的另一種推算，依 G. PHILLIPS 推算，約二萬五千至三萬人居住於安平、台南地區〔註34〕。

因此，至 1650 年時期，赤崁地區已成為漢人在台灣最大的散居地，到 1660 年荷人據台末期，漢人人數大約達三萬人。〔註35〕。

荷蘭東印度公司以輸出砂糖能獲利，遂於台南附近以甘蔗為主要作物進行農業開發，同時漢人居民日漸增加，為了島內糧食的自給，和補足某些地區糧食的不足，尤其以福建省為最需要，於是大力開發稻米。台南位於熱帶圈上，新開墾之處女地土壤肥沃，而且尚未開發的樹林可以供給製糖需要的燃料（木炭類），這對荷蘭當局而言是難得的好條件。荷蘭當局乃課徵地租，上田每甲十八石，中田每甲十五石六斗，下田每甲十石二斗的稻穀〔註36〕。

荷蘭當局以 2000～3000 人的軍隊為背景，對漢人組織「結首制度」（數戶至十數戶之漢為一「小結」，數個小結為一「大結」），從小結中指定小結首，從大結中指定大結首，給予結首廣大的開墾地，實行間接統治，在這期間，除了讓漢人居民增加外，平地番人（平埔族）也開始漢化，因而稻作面

〔註31〕盛清沂主編，王詩琅、王世慶校訂：前書，頁 488～494。

〔註32〕同上，頁 492。

〔註33〕戴國輝：前文，前書，頁 161。

〔註34〕Phillips, G, "Notes on the Dutch Occupation of Formosa", China Review, vol. 10, 1881～1882, P.123.
或參閱盛清沂主編，王詩琅、王世慶校訂：前書，頁 49。

〔註35〕江樹生：〈荷據時期臺灣的漢人人口變遷〉，《媽祖信仰國際學術研討會論文集》1997 雲林：財團法人北港朝天宮董事會、台灣省文獻委員會，頁 23。
另見江樹生：《檔案敘事──早期台灣史研究論文集》，國立台灣歷史博物館，2016 年 12 月，頁 211～214。

〔註36〕連雅堂：《台灣通史》，卷八〈田賦志〉，古亭書屋影印發行，中華民國 62 年 6 月 15 日，頁 202。

積的擴大有顯著的進展〔註37〕。由於漢人和平埔族不斷地開墾農地，高山族乃逐步地被迫進入山區。

荷蘭人教平埔族學習荷蘭語文，傳佈基督教，並設立學校等，試圖擴大殖民地統治的基礎，直到1661年被鄭成功集團驅逐為止，計三十八年間從台灣剝取龐大的殖民利益。荷蘭統治台灣期間，漢人一開始便不斷地進行抵抗運動，特別是1652年郭懷一抗荷蘭事件最為有名〔註38〕。

鄭成功驅逐荷蘭人取得台灣，做為反清復明的根據地，其理由約如下三點：第一，利用台灣海峽天然之險要以對抗清朝，期復興明朝。第二，台灣是鄭芝龍開發的新開墾之地，在台漢人的出身多半是鄭芝龍的同鄉，以台灣做為基地可以得人支持。第三，新開發之地物產豐富，其中米可做為兵糧，輸出砂糖可以供給軍資〔註39〕。

鄭成功取得台灣可以說是漢民族實際支配和開墾台灣的開始。鄭氏統治台灣有鄭成功（1662年病歿）、鄭經（1681年病歿）、鄭克塽三代，共二十二年，第二代鄭經死後，因王位繼承之爭，又加上清朝數次的遷界令（由大陸對台灣加以經濟封鎖，並切斷台灣與大陸居民的關係和接觸），此事給予鄭氏政權重大的打擊。在大清帝國的威勢下，與名水師提督施琅對台灣進行包圍作戰，在1683年投降，歸入清朝版圖。

鄭氏三代可以稱得上是台灣政治史上的治世，鄭氏的部將和慕僚都是不屑受清朝統治的知識份子和政治家，其中很多隨著鄭氏渡台，他們在台灣中南部實施屯田制，獎勵生產，設立學校，推展砂糖貿易等等，展開台灣有史以來的大漢化運動〔註40〕。

隨著多數軍人流入台灣，依屯田方式進行農業開發的範圍，已經不限於今日之台南附近地區，北路拓展至竹塹（新竹），南路拓展至鳳山，和土地開發同時併行的是台灣漢人人口數的遽增，約在二十年間，由荷蘭末期約五萬人而大大增加至十二萬人；亦即清領台灣時（1683年），台灣漢人人口已

〔註37〕戴國輝：前文，前書，頁161～162。

〔註38〕林衡道監修，馮作民著作：《台灣歷史百講》，台北，青文出版社，中華民國65年10月，第四版，頁18～20。

〔註39〕同上，頁162。

〔註40〕黃典權：〈鄭延平台灣世業〉，黃富三、曹永和主編：《台灣史論叢》，第一講，台北，眾文圖書公司，中華民國69年4月，初版，頁105～124。
盛清沂：〈明鄭的內治〉，黃富三、曹永和主編：《台灣史論叢》，第一輯，台北，眾文圖書公司，中華民國69年4月，初版，頁124～162。

有十二萬了〔註41〕。

　　清朝統治台灣約二一三年（1683～1895 年），此二百多年間之開發過程暫且不細述，圖 1-1 為「台灣開拓沿革圖」，可做為最扼要的解說，由圖中可了解台灣開發主要在清治台期間。由以下三個指標更可以明瞭清代台灣開拓情形：

圖 1-1　台灣開拓沿革圖

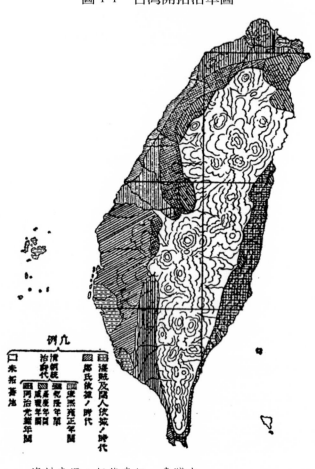

資料來源：伊能嘉矩，臺灣志。

　　（1）漢族人口從最先的十二萬人增加到二百五十五萬人（1893 年）〔註42〕。

〔註41〕戴國煇：前文，前書，頁 163。

〔註42〕伊能嘉矩：《台灣文化志》，東京，刀江書院，昭和三年九月初版本，中卷，頁 241。

（2）耕地由一萬八千甲（1684 年）增加到七十五萬甲〔註43〕。

（3）行政區劃由當初隸屬福建的一府三縣，隨著開發的進展和加強防務的關係，於 1885 年獨立成為一省，有三府、一直隸州、三廳、十一縣〔註44〕。

　　清朝統治下台灣開發史上有所謂「三年小反，五年大反」和「分類械鬥」的歷史傳統〔註45〕，這種歷史傳統與台灣的開發史有很大的關連，不過，論者常常過分強調「三年小反，五年大反」與「分類械鬥」，甚至將這種現象歸結於台民「好亂成性」，事實上所謂「三年小反五年大反」的說法，只是統治者的一種支配者史觀；因為清廷派任台灣的官吏，有「三年清知府，十萬雪花銀」的不良傳統〔註46〕，特別是來自外地任期很短的地方官，有時與地主結合，苛斂誅求，過份的剝削與壓制，終導至台民的抵抗運動；而地方官吏藉口「台民好亂成性」，用以逃避自己失治的政治責任〔註47〕。

〔註43〕清初台灣耕地，一萬八千甲，請參閱陳紹馨纂修：《台灣省通志稿》，卷二，〈人民志〉人口篇，台北，台灣省文獻委員會，中華民國53年6月，頁137。另清末台灣的耕地面積，請參閱井出秀太和著：《台灣治績志》，台北，台灣日日新報社，日本昭和十二年二月，頁371。「1904年日本在台進行的土地調查，耕地面積有七十七萬七千八百五十甲。由於日本據台後到土地調查完成的九年間，政治尚未安定，新開墾之地可能較少，所以本文推論清末約有耕地七十五萬甲。

〔註44〕周憲文：《清代台灣經濟史》，台灣銀行經濟研究室編印，台灣研究叢刊第四五種，頁3～6。

〔註45〕徐宗幹（1848～1853 年任台灣兵備道）曾指出台灣：「三年一小反，五年一大反」《斯未信齋文編》，台灣銀行經濟研究室編印，台灣文獻叢刊第八七種，頁70。
藍鼎元曾說：「台民喜亂，如撲燈之蛾；雖前有死者，投者不止」《東征集》，台灣銀行經濟研究室編印，台灣文獻叢刊第一二種。以台灣民變為研究對象的作品相當的多，如張雄潮：〈清代台灣民變迭起迅滅的因素〉，《台灣文獻》，第十五卷，第4期，中華民國53年12月。
王詩琅：〈清代中葉台灣的叛亂要點〉，載國立台灣考古人類學系編，《台灣研究研討會紀錄》，台北，中華民國56年1月，頁82～84。
張炎：〈清代台灣分類械鬥頻繁之主因〉，《台灣風物》，第24卷，第4期，台北，中華民國63年12月，頁75～85。
平山勳著，符同譯：〈台灣作擾史總論〉，《台灣銀行季刊》，第10卷，第4期，中華民國48年6月，頁150～169。

〔註46〕戴國煇：〈清末台灣の一考察——日本による台灣統治の史的理解として〉，《日本法とアジア，仁井田陞博士追悼論文集》第三卷，勁草書房，1970年5月30日，第一刊發行，頁264。

〔註47〕戴炎輝：〈清代台灣鄉莊之社會的考察〉，《台灣銀行季刊》，第14卷，第4期，中華民國52年9月，頁198～228。同文收錄於戴炎輝：《清代台灣之鄉治》，聯經出版事業公司，台灣研究叢刊，中華民國68年7月初版，頁273～346。

　　由於過度強調「三年小反，五年大反」的支配者史觀，導致忽略以農民為中心的積極開發之過程。清代時的台灣一直被視為「化外之地」，不僅清朝權力「鞭長莫及」，而且島內未開拓地之密林有所謂的番害，更令人驚恐的是高山族勢力的存在。不過這些情況的存在反而有利於反清體制運動者，提供了一個廣大的藏身之處，在這種有利的條件之下，開拓者（農民，有時與地主結合），反對所謂外地來台任期短暫的壓制者（地方官吏），展開了激烈的農民運動，從這個角度而論，「三年小反，五年大反」其實是開拓者在開發過程中一種艱苦的抗暴抗壓制運動。

　　也正因為台灣是「清朝的化外之地」，由於清朝在台灣的政治相當薄弱，使移住台灣的漢人乘著綱紀紊亂，不斷的抵抗運動下，一方面開拓意氣旺盛的小租戶，及從事直接生產的「現耕佃戶」的農民，一步一步的由點擴大成面開拓沃土；另外一方面利用清朝貿易管理的間隙，商人們輸出米、茶、糖、樟腦，積極開拓貿易利潤。所以農民巧妙地瞞過官方的注目進行開拓事業，而使小農經營得以發展（有小農經營的發展才有小租權的確立，從而有寄生地主制的形成），同時利用清朝貿易管理的間隙，使商人獲取貿易利潤而達到累積商業資本──「郊」的形成，可以說是清代台灣開發史上的兩大重要發展成果〔註48〕。

第二節　清末台灣的經濟與產業

　　清末台灣的主要產業，理所當然是以農業為首，農業耕作面積大約有七十五萬甲，主要的產業是米作、蔗作和茶作，另外還有出產於山地的樟腦。其中茶、糖、樟腦是清末台灣的三大出口物〔註49〕。

〔註48〕戴國輝：〈清末台灣の一考察〉，前書，頁264～265。
　　　　關於「郊」的形成，請參閱方豪先生之研究作品。
　　　　方豪：〈光緒甲午等年仗輪信稿所見之台灣行郊〉，《國立政治大學報》，第24期，1971。
　　　　方豪：〈台南之「郊」〉，《大陸雜誌》第4卷，第4期，台北，1972。
　　　　方豪：〈鹿港之「郊」〉，《現代學苑》，第9卷，第3期，台北，1972。
　　　　方豪：〈新竹之「郊」〉，《中國歷史學會史學集刊》，第4期，台北，1972。
　　　　方豪：〈台灣之行郊研究導言與台北之「郊」〉，《東方雜誌總刊》，第5卷，第12期，台北，1972。
　　　　方豪：〈澎湖、北港、新港、宜蘭之「郊」〉，《現代學苑》，第9卷，第78期，台北，1972。
〔註49〕林滿紅以清末台灣三大出口物的清末台灣經濟研究的業績相當的豐碩。
　　　　林滿紅：《茶、糖、樟腦業與晚清台灣經濟社會之變遷（1860～1895）》，國立

　　有關台灣盛產稻米的事，在十八世紀二十年代巡台御史黃叔璥以親身所見說：

　　　　三縣（因 1684～1722 年，台灣行政區劃為台灣、鳳山、諸羅三縣）
　　　　皆稱沃壤……千倉萬箱，不但本郡足食，並可資贍內地。居民只知
　　　　逐利，肩販舟載，不盡不休，所以戶鮮蓋藏〔註50〕。

可見台灣產米在十八世紀二十年代，已經有相當的膽餘，移出對岸的大陸本土。

　　其後，隨著開墾日闢，除正規移出之米外，又有秘密移出〔註51〕。正規移出的「台運」軍用米（兵米、兵穀，含眷米眷穀）〔註52〕，從乾隆到嘉慶年間每年約運出一〇萬石，道光年間更命令增加至十四萬石移到天津〔註53〕。

　　鴉片戰爭後，本陸本土被迫開港，外國商人從越南和暹羅（今泰國）運入大量的「洋米」〔註54〕，台灣米在大陸本土市場上的銷售大為破壞，由台灣當時農村的「豐作貧乏」的情形即可明瞭。這種情形可由當時台灣府儒學訓導劉家謀的記載中見其大概，他說：

　　　　台地糖米之利，近濟東南，遠資西北……英咭利販呂宋諸夷米入於
　　　　中國，台米亦多賤售，商為虧本而歇業，農為虧米而賣田，民意無
　　　　聊賴矣〔註55〕。

　　　　台灣大學歷史學研究所 64 學年度碩士論文，中華民國 65 年。
　　　　同作者：〈清末台灣與我國大陸之貿易型態比較（1860～1894）〉，《國立師範大學歷史學報》，第 6 期，中華民國 67 年 5 月。
　　　　同作者：《茶、糖、樟腦業與晚清台灣》，台灣銀行經濟研究室編印，台灣研究叢刊第一一五種，中華民國 67 年 5 月出版。
　　　　同作者：〈貿易與清末台灣的經濟社會變遷〉，《食貨》，復刊第 9 卷，第 4 期，中華民國 68 年 7 月 20 日，頁 18～32。此論文又見於黃富三、曹永和主編：《台灣史論叢》，第一輯，台北，眾文圖書公司印行，中華民國 69 年 4 月，頁 239～272。
〔註50〕黃叔璥：《台海使槎錄》，台灣銀行經濟研究室編印，台灣研究叢刊第四種，〈物產〉，頁 51。
〔註51〕周憲文：前書，頁 34。
〔註52〕清得台灣，分駐戍兵，皆調自福建，三年一換，乃賦其穀曰正供，以備福建兵糈，凡商船赴台貿易者，須領照，準其樑頭，配載米穀，謂「台運」。（參閱周憲文，前書，頁 35）。
〔註53〕同上，頁 36。
〔註54〕戴國煇：〈清末台灣の一考察〉，前書，頁 266。
〔註55〕劉家謀撰，吳守禮校：《校注海音詩全卷》，台灣省文獻委員會印行，頁 7。1855 年（成豐五年）成書，其詩作於 1851 年，故上述情形大概發生在一九世紀四〇年代末鈄。轉自戴國煇：〈清末台灣の一考察〉，前書，頁 266。

　　鴉片戰爭的餘波影響所及，不只是奪走了台灣米在大陸本土市場的出口，同時台灣內部的經濟狀態也因大量的輸入鴉片，平衡了台灣的貿易收支，使瀕臨崩潰的台灣經濟也開始混亂起來。當時台灣兵道徐宗幹(任期1847～1854年)說：

> 台灣……銀日少，穀日多。銀何以日少？洋烟愈甚也。穀何以日多？洋米愈賤也。…。米穀不流通，日積日多。望豐年乎？歉更甚矣；抑待歉年乎？賤如故也。蓋由內地食洋米不食台米也。不食台米，則台米無去處，而無內渡之米船。無內渡之米船，即無外來之貨船。往年春夏，外來洋元數十萬，今則來者寥寥，已數月無廈口商船矣，各廳縣雖有海口，幾成虛設〔註56〕。

　　外來列強資本主義的衝擊，使中國經濟走向崩潰之路，台灣的稻作如上述一般，亦遭受影響，其影響直到台灣割讓給日本為止〔註57〕。但是這個禍端，在台灣的特殊情況下，卻能有所轉變，推行其他的機能〔註58〕，使台灣的經濟進入一個新的發展型態。

　　由於台灣海峽隔離的關係，在資本主義東襲之後，使台灣為了經濟活動，逐漸地和中國本土脫離經濟關係，因而很難再度與清末之中國本土在經濟上構成一個整體，特別是當時國民經濟尚未形成，而使得台灣發展成為一個特殊的經濟型態〔註59〕。

　　開港通商雖然發生對稻作不利的經濟情況，但也由於開港的關係，使得台灣的茶和樟腦出口有可能進入新的國際市場。由於台灣北部的開墾和開發，吸引了瀕臨破產的華南地區農民和台灣島內一部分稻作農民，移往台灣北部〔註60〕。結果，台灣北部的茶和樟腦在生產上大為進展（容後再敘述），改變了1865～1869年間台灣貿易收支赤字（入超）的不利情況，使得台灣在貿易收支上，直到割讓為止都維持黑字（出超）的有利局勢（詳情容後敘述）〔註61〕。

〔註56〕徐宗幹：《斯未信齋文編》，台灣銀行經濟研究室編印，台灣文獻叢刊第八七種，「請籌議積儲」，頁66～67。

〔註57〕周憲文：前書，頁35。

〔註58〕戴國煇：〈清末台灣の一考察〉，前書，頁267。

〔註59〕同上或參閱林滿紅有關清末台灣經濟研究之論文。

〔註60〕參考林滿紅：《茶、糖、樟腦業與晚清》，台灣銀行經濟研究室編印，台灣研究叢刊第一一五種，中華民國67年5月出版，頁71～72。

〔註61〕周憲文：前書，頁95。

　　清末台灣的米產量到底有多少？在沒有可靠的數字佐證以前，先根據日據時期臨時台灣舊慣調查會的記載來推斷，該調查指出：「無法得知詳細的產量，可是以當時納給官方之正供外平糶米有十九萬石，而移到大陸本土之兵米及眷米大約也有如上之數量，加上作為商品在打狗、鹿港、淡水輸出的數量也不少，可以知道當時米產量不少於今日之產量」〔註62〕。如果以這個調查資料來推定，可以說清末台灣的稻作仍然具有相當大的產量〔註63〕。

　　又上述之調查指出「當時米產量並不少於今日」，則該調查會進行調查時之「今日」的台灣米產量究竟有多少呢？或許由此可推定清末台灣大約的米產量。上述之「今日」的時間應當是該調查會著手進行調查的時間，即明治三十四年十月廿五日到明治三十七年四月〔註64〕。現在以該調查前後期間台灣最低米產量那一年——明治三十三年——的產量來推定，結果顯示清末台灣稻穀產量約四三〇萬石之數（以日本石為單位）〔註65〕。就一般情形而論，每一個人一年所需要之糙米量約為一石，而稻穀加工為白米之比率為百分之七十七，則四三〇萬石的稻穀加工為白米後大約有三百三十萬石，這個產量足夠清末台灣二百五十萬人口食用，而且還有相當的數量輸出。這是可以接受的推定〔註66〕。

　　然而根據在淡水英國海關做事的美籍人馬士（H. B. MORSE）之記載，清末台灣北部因農民紛紛改種茶樹，種稻者大為減少，台灣所產之稻米乃有不足食用的現象發生，甚至由大陸進口稻米救急，他說：「由於種茶的人愈來愈多，而種稻者，則愈來愈少，因而，幾年之後，本地所產稻米，反而在島內市場走俏起來，到後來，台灣不僅沒有稻米可供外銷，反而經常需要向大陸搬糧救急」〔註67〕。MORSE以親身所見作上述之記載，其所提供之資料必有相

東嘉生：《台灣經濟史研究》，台北，日本出版配給株氏會社台灣支店，1943年11月初版，頁351～353。

〔註62〕《臨時台灣舊慣調查會第二部調查經濟資料報告》，東京，明治三十八年三月（1905年），上卷，頁12。

〔註63〕戴國輝：〈清末台灣の一考察〉，前書，頁267。

〔註64〕《臨時台灣舊慣調查會第二部調查經濟資料報告》，頁1～2。

〔註65〕《台灣總督府第五統計書》，台灣日日新報社，明治三十七年七月發行，頁41。

〔註66〕戴國輝：〈清末台灣の一考察〉，前書，頁267。

〔註67〕The Inspector General of Customs, Decennial Reports 1882～91, First Issue, Shanghai, P. 436, quoted from Ramon H. Myers, "Taiwan under Ching Imperial rule, 1684～1895: The Traditional Economy", The Journal of the Institute of Chinese Studies of the University of Hong Kong, No. 2 Vol. 5, (1972), P. 377.

當之可靠性。前說指出清末台灣稻米產量相當足夠食用，而且尚可外銷，後來指出清末台灣稻米產量不夠食用，有時還由大陸進口，兩者剛好處於相反的情形，因此，清末台灣米產量的實情有待以後進一步求證。

第二種主要的產物是蔗糖。台灣甘蔗的來源，大致是在十二或十三世紀，經由旅客從澎湖群島或由商人直接從福建引進而來〔註68〕，早期台南地區的移民，多半栽種甘蔗，生產蔗糖，而商人則專事運糖到福建、呂宋和日本等地區販賣〔註69〕。荷蘭人占領安平時，花了很多力氣鼓勵農民焙製蔗糖外銷，以便從中抽取更多的稅收。結果，蔗糖外銷很快的從1636年的120,000斤～300,000斤增加到1660年的二百萬斤〔註70〕，由此知道十七世紀三〇年代台灣出產的蔗糖（砂糖）已經向外大量輸出，並且蔗糖的生產方式，在十八世紀初期已經有採用機器製造的傾向了〔註71〕。同時，十八世紀二〇年代（雍正年間）因大陸來台商船甚為頻繁，終於形成了「郊」的商業組織，透過「郊」的作用，促使台灣向大陸本土輸出更多的砂糖〔註72〕。

如果以1660年蔗糖外銷約為二〇〇萬斤為基準，到了1880年，外銷躍增為約一億斤（1880年外銷數量為999,625擔，一擔折合為100.75斤），則在這二百二十年間，計增加了五十倍，平均每年的增加率為22.7%〔註73〕。甘蔗在整個十八世紀和十九世紀，可以說是農民的一種重要的收益；對商人來說，它更是財富的一大源泉，清末蔣師轍遊台，曾記下甘蔗在台灣的重要性：

> 台人植蔗為糖，歲產二、三十萬，按赤崁筆談所計述之，則奚翅百二十萬金（每歲出蔗糖約六十餘萬簍，每簍一百七、八十斤。烏糖百斤，價銀八、九錢；白糖百斤，價銀一兩三、四錢，據此數通核，二者各半，通為百斤價銀一兩一錢，是一簍可值銀二兩。合六十餘萬簍計之，一百二十萬且有餘矣。）今台南土地舊闢（台北無蔗，豈土

馬若孟著，陳其南、陳秋坤編：《台灣農村社會經濟發展》，台北，牧童出版社，中華民國68年2月10日，頁95。

〔註68〕戴國煇：《中國甘蔗糖業の展開》，アジア經濟調查研究雙書第一二九集，アジア經濟研究所出版，1969年，頁134～136。

〔註69〕同上，頁143。

〔註70〕同上，頁150。

〔註71〕同上，頁163～166。

〔註72〕東嘉生：前書，頁304～305。

〔註73〕Ramon H. Myers, "Taiwan under Ching Imperial Rule, 1684 ～ 1895; The Traditional Economy", OP. cit., P. 387.

性不宜歟？）數宜有贏無絀，須檢貨稅冊核之，亡可誆也）〔註74〕。
依蔣師徹所見，清末台灣每年蔗糖產量約有一億零八百斤。
表1-1 是 1870～1890 年間台糖出口量與出口總值之統計表：

表1-1 1870～1890 年間台灣糖輸出統計表

年　代	輸出總額（單位：擔）	輸出總值（單位：海關兩）
1870	552,800	1,081,399
1871	557,350	1,175,813
1872	611,007	1,135,180
1873	490,324	891,639
1874	672,677	1,168,962
1875	491,944	1,040,902
1876	851,488	1,371,204
1877	567,582	1,282,944
1878	391,854	1,020,853
1879	701,684	1,912,682
1880	977.625	2,155,058
1881	718,585	1,676,146
1882	573,145	1,421,222
1883	734,647	1,652,096
1884	593,291	1,629,395
1885	500,876	955,987
1886	362,826	930,387
1887	522,290	1,076,183
1888	615,830	1,316,898
1889	544,225	1,209,170
1890	676,773	1,754,638

（一擔：100.75 斤，1 海關兩＝1.54 元）

資料來源：Shanghai Chinese Maritime Customs Chinese Maritime Publications 1860～
1948，以下簡稱「海關報告」。1870～1890 年淡水、打狗部份。（或參閱
林滿紅《茶、糖、樟腦與晚清台灣》，台灣銀行經濟研究室編印，台灣研
究叢刊第 115 種，67 年 5 月出版，頁 2～3，7）

〔註74〕蔣師轍:《臺游日記》，台灣銀行經濟研究室編印，台灣文獻叢刊第六編，頁 64。

　　從上表可以看出 1870～1880 年間台灣糖年平均出口量達六千二百八十八萬九千餘斤（六千二百四十二萬擔），年平均出口值達一百九十九萬餘元（一百二十九萬海關兩），1881～1890 年間台灣糖年平均出口量達五千八百八十六萬餘斤（十八萬餘擔），出口值達二百零九萬七千餘元（一百三十六萬餘海關兩）。

　　第三種主要的產物是茶；茶樹很早就存在於台灣北部，依十八世紀二〇年代的記錄，在水沙連（今淡水附近）地方，茶樹繁茂，因而與各番協議，每年由通事入山焙製茶葉〔註75〕。嘉慶年間，柯朝把福建名茶產地的武彝茶引入鰈魚坑（今石碇鄉）種植，效果十分良好，於是大力推廣，道光年間（1822～1850）已有向大陸輸出茶葉的情形〔註76〕。後來天津條約淡水開港（1853 年），北部的特產茶葉與樟腦特別受到注意。1865 年（同治四年）英人約翰・杜德（John Dodd）於視察樟腦產地的過程中，發現台灣北部適於種茶，乃從福建安溪引入茶苗，先借予農民以獎勵栽培〔註77〕，由於獎勵生產的結果，加上艋舺街（今萬華）設立精製工廠以後，台灣的茶乃大量地向美國輸出，使台灣茶一躍而成為世界名茶〔註78〕。

　　茶的栽培非常旺盛，利潤也很高，光緒初年台灣道夏獻綸，在送當時福建巡撫復命書中說：

> 淡水之種茶也，始於同治初年，嗣洋商有到該處販賣出洋者，茶價驟高，農民趨之，競植以為利，所以海隅片土，市樓買船日聚月增。……傳聞種茶萬株，工本百金，三年以後，一歲所采，便民抵之，其利甚厚。台北千巖萬壑，居民寥寥，誰非曠壤？或招民佃種，或僱工種墾，行古官焙之法，取息裕餉，其利當倍於屯田〔註79〕。

台灣北部因「茶價驟高，農民趨之，競植以為利」的情形，可由下列的記載中，很清楚的了解這種趨向。

〔註75〕黃叔璥：《臺海使槎錄》，台灣銀行經濟研究室編印，台灣文獻叢刊第四種，頁 62。

〔註76〕連雅堂：《台灣通史》，古亭書屋，62 年 6 月 15 日影印發行本，頁 735。

〔註77〕Davidson, J. W., The Island of Formosa: Past and Present, New Yorks, 1903. 蔡啟恒譯：《台灣之過去與現在》，台灣銀行研究室編印，台灣研究叢刊第一〇七種，中華民國 61 年，頁 258～259。

〔註78〕伊能嘉矩：前書，中卷，頁 648。

〔註79〕《洋務運動文獻彙編》，第七冊，「光緒二年八月二十四日閩浙總督文煜等奏」，頁 71～72。

三十年前，台灣北部可供耕地的土地，大部份用來種植稻米，也因此，台灣每年總有大量的稻穀外銷到他地。然而自從茶農在高地種植茶葉以後，每年來此揀茶、買賣茶葉的人，便愈來愈多了。不僅如此，隨著茶葉需要量的增多，不少永久性的集散地，也跟著建立起來。由於種茶的人愈來愈多，而種稻者則愈來愈少，因而，幾年之後，本地所產米，反而在島內市場走俏起來，到後來，台灣不僅沒有稻米可供外銷，反而經常需要向大陸搬糧救急〔註80〕。

從這種轉變趨向，可以明白一般民戶偏好種植那類農作，完全著眼於賺取更多的利潤之上，而這些較高的利潤，很重要的部份，多係由對外貿易而來〔註81〕。這種現象可以說是台灣島民的一種特性，即對於外來環境的刺激，能夠很敏捷而適當的調適與接受，這種特性可能是台灣近百年來社會或經濟一直保持發展狀態的主要動力。

表 1-2 是 1870～1890 年間台茶之出口量與出口總值詳細情形：

表 1-2　1870～1890 年台灣茶葉輸出統計表

年　代	輸出量（單位：擔）	輸出總值（單位：海關兩）
1870	10,540.11	1,081,339
1871	14,868.08	1,175,813
1872	19,513.51	1,135,180
1873	15,609.93	891,639
1874	24,610.00	1,168,962
1875	41,573.55	1,040,902
1876	58,876.79	1,371,204
1877	69,230.66	1,282,944
1878	80,261.43	1,020,853
1879	85,032.83	1,912,682
1880	90,485.88	2,155,058
1881	96,751.77	1,676,146
1882	90,303.35	1,421,222

〔註80〕同註 67。

〔註81〕Ramon H. Myers, "Taiwan under Ching Imperial Rule, 1684 ～ 1895; The Traditional Economy", op. cit., P. 377.

1883	100,193.31	1,652,096
1884	98,674.36	1,629,395
1885	122,730.31	955,987
1886	127,071.51	930,387
1887	126,474.87	1,076,183
1888	135,740.90	1,316,898
1889	140,989.52	1,209,170
1890	128,628.91	1,754,683

註：茶包括烏龍茶與包種茶

資料來源：1870～1890 海關報告淡水部份。本文轉引自林滿紅《茶、糖、樟腦與晚清台灣》，頁 21～21，2～3。

從上表可以看出 1870～1880 年間，台灣茶平均出口量達四百六十七萬六千多斤（四萬六種多擔），出口值年平均達一百九十九萬餘元（一百二十九萬海關兩）。1881～1890 年間年平均出口量一千一百七十六萬斤（十一萬六千多擔），年平均出口值達二百一十萬元（一百三十六萬海關兩），其中的 1890 年出口量高達一千二百九十五萬九千餘斤，出口值達二百七十萬元。

除了以上三種農作物以外，另外還有一項清末台灣三大出口物之一的林產品的樟腦。當時樟腦是醫藥上和當時方興起的賽璐珞工業（celluliod）的主要原料，因歐美大量需要而價格高漲〔註82〕。天津條約開港以前，英國偷偷地輸入鴉片，取回砂糖和樟腦，以貪圖暴利。開港以後，特別是以淡水為中心的貿易，外商雲集，樟腦貿易極為旺盛，利潤很高，因為樟腦的交易而引起的紛爭，在官與民之間，地方當局與外商之間時常發生〔註83〕。清末台灣重要的政治人物，如霧峰林朝棟，就是因為經營樟腦業而致巨富的代表人物〔註84〕。

〔註82〕林滿紅：前書，頁 13。

〔註83〕黃嘉謨：《美國與台灣》，南港，中央研究院近代史研究所出版，中央研究院近代史研究所專刊（14），中華民國 68 年 11 月 2 版，頁 369～382。
林子候編著：《台灣涉外關係史》，嘉義，自刊本（台北三民書局總經銷），中華民國 67 年 3 月初版，頁 356～362。

〔註84〕Johanna Menzel Meskill, A Chinese Pioneer Family, The Lins of Wu-feng, Taiwan, 1729～1895（Princeton University Press, Pricenton, New Jersy, 1979）PP. 239～242.
鄭喜夫編著：《林朝棟傳》，台灣先賢先烈專輯（第四輯），台中，台灣省文獻委員會編印，中華民國 68 年 4 月，頁 67～85。

　　清末台灣及日本是世界主要的兩樟腦產區。比較台灣與日本樟腦出口值：1877 年以前台灣多於日本，1878～1892 年日本多於台灣，1893 年以降，台灣又多於日本。台灣與日本既是世界僅有的兩個天然樟腦供應地，自亦壟斷整個世界之樟腦市場。1877 年以前，台灣獨占世界樟腦市場，也是外人來台通商的根本動機之一〔註 85〕。因 1893 年以前，各國進口台灣樟腦數量不詳，1893～1897 年各國進口台灣樟腦的數額如下：

　　德國　2,240,917 磅

　　美國　1,835,533 磅

　　英國　1,722,664 磅

　　法國　1,204,847 磅

　　印度　1,002,155 磅〔註 86〕

　　進口台灣樟腦的國家都是歐美等國（當時之印度為英國殖民地）。1870 年至 1890 年間台灣樟腦之出口量與出口總值詳細情形如下統計表：

表 1-3　　1870～1891 年台灣樟腦輸出統計表

年　　代	輸出量（單位：擔）	輸出總值（單位：海關兩）
1870	16,844	103,189
1871	9,692	47,674
1872	10,362	64,612
1873	10,756	71,718
1874	12,080	76,449
1875	7,139	33,949
1876	8,795	51,179
1877	13,177	79,058
1878	13,816	83,817
1879	11,115	72,374
1880	12,335	100,745
1881	9,317	79.625
1882	5,211	42,863
1883	3,300	36,423

〔註85〕林滿紅，前書，頁 13。

〔註86〕Davidson 著，蔡啟恒譯：前書，頁 305。

1884	463	3,482
1885	3	28
1886	1,335	15,014
1887	2,757	24,916
1888	3,835	24,065
1889	4,177	37,183
1890	7,242	108,713
1891	18,882	285,280

資料來源：1870～1890 海關報告（或參閱林滿紅《茶、糖、樟腦與晚清台灣》，頁 2～3，13～14）

由上表可以看出，樟腦的輸出變動很大，原因當然和山地的治安（番亂）有密切關係。1870～1880 年間，樟腦的年平均出口量約為一一五萬斤（即一萬一千四百多擔），年平均外匯所得約為十萬九千多元（約七萬多海關兩），雖然 1882～1889 年間出口數量與出口總值降低很多，但是 1891 年以後又大量出口，以 1894 年為例，出口量達三百九十八萬斤，出口值即達一百二十八萬元。

上述四種主要產物之外，尚有礦物，當時英國、美國極為注意的基隆煤礦，在本論文中的第三章及第五章中將會有詳細的討論。

由於清末台灣擁有茶、糖與樟腦三大出口物，解決了由於外來資本主義的衝擊所造成的經濟危機，同時對晚清台灣經濟社會產生重大的影響：一、創造就業，扶養人口。二、賺取外匯，增加稅收。三、邊區的開發與先住民的東移。四、城鎮之繁興。五、社會結構的變動（買辦、豪紳的崛起、漳粵籍移民與泉籍移民相對地位的提高）。六、台灣歷史重心之北移等〔註87〕。

外來資本主義雖然刺激了晚清台灣茶、糖及樟腦業的旺盛，而且促進了台灣資本主義的萌芽；但是在「廉價的輸出」下，列強達到了剝削台灣經濟資源的目的〔註88〕，這且不論，更重要的是在台灣傾銷大量的鴉片，掠奪了茶、糖與樟腦輸出時所得來的外匯。清末列強輸入台灣的鴉片，根據海關報告，其數量與進口值如下：

〔註87〕林滿紅，前書，頁71～92。
〔註88〕東嘉生：前書，頁367。

表 1-4　1870～1890 年台灣輸入鴉片統計表

年　代	進口數量（單位：斤）	進口值（單位：海關兩）
1870	289,700	1,010,000
1871	328,000	1,280,000
1872	334,100	1,360,000
1873	359,300	1,370,000
1874	416,900	1,590,000
1875	415,900	1,490,000
1876	451,800	1,680,000
1877	508,200	1,870,000
1878	470,100	2,090,000
1879	555,200	2,100,000
1880	579,600	2,260,000
1881	588,072	2,460,000
1882	459,648	1,790,000
1883	401,833	1,644,999
1884	357,772	1,769,929
1885	377,506	1,933,487
1886	454,567	2,212,140
1887	424,794	2,020,353
1888	464,293	2,399,498
1889	473,487	2,178,160
1890	584,276	2,367,229

資料來源：東嘉生，《台灣經濟史研究》，頁 348～349（進口數量部份）頁 351（進口
　　　　　值 1883～1890 年部份）。林滿紅《茶、糖、樟腦與晚清台灣》，頁 77（進
　　　　　口值 1870～1882 年部份）

　　從上表之資料顯示，1870 年～1890 年間，列強每年平均向台灣傾銷約四
十四萬斤的鴉片，因為台灣每年平均要耗損二百八十五萬元（一八五萬海關
兩）；若以 1881 年為例，當年進口約五十八萬斤的鴉片，台灣耗損了約三百
八十萬元（二百四十六萬海關兩）。列強資本主義國家對台灣傾銷鴉片換取茶、
糖、樟腦等重要資源之情形，可以說達到掠奪的程度了。

　　但是，如前所述，因台灣具備特殊的社會及經濟的條件，在積極開發茶、
糖、樟腦的輸出下，不但足以對抗列強傾銷鴉片，而且還可以累積外匯，增
加財富，形成商業資本，成為推動台灣經濟發展的主要力量。

下列統計表是清末（1870～1891）台灣的經濟發展，在鴉片大量傾銷下，貿易額且能維持出超的詳細數目（1871年入超除外）〔註89〕。

表1-5　1870～1891年台灣進出口值表　　　　　　　（單位海關兩）

年　代	輸　出	輸　入	輸出－輸入
1870	1,667,579	1,462,996	204,583
1871	1,712,899	1,804,882	－91,983
1872	2,878,834	1,788,387	1,090,477
1873	2,574,811	1,939,234	635,577
1874	2,920,276	2,136,701	783,575
1875	2,926,001	2,222,048	702,953
1876	3,826,114	2,479,708	1,346,406
1877	4,092,067	2,848,594	1,245,473
1878	4,930,032	2,794,019	2,136,013
1879	5,672,902	3,258,985	2,413,617
1880	6,488,073	3,580,184	2,907,889
1881	5,919,596	4,054,231	1,865,365
1882	5,535,646	3,139,236	2,396,228
1883	5,331,781	2,620,845	2,710,936
1884	5,418,073	2,572,170	2,845,903
1885	5,615,929	3,196,382	2,419,546
1886	6,536,503	3,560,183	2,976,320
1887	6,833,032	3,842,050	2,990,982
1888	7,185,279	4,019,799	3,165,468
1889	6,616,894	3,630,191	2,989,703
1890	7,533,023	3,899,556	3,633,497
1891	6,986,816	3,748,186	2,238,630

資料來源：東嘉生，《台灣經濟史研究》，頁351～353。

周憲文，《清代台灣經濟史》，頁95。

由前面的討論中，可以明白清末的台灣絕不是所謂的「化外之地」或「未開之地」。1891年（明治二十四年）日本駐福州領事在調查台灣的政治經濟詳細情況後，曾評語說：

〔註89〕林滿紅之前書中，1873、1874、1875年為入超的情形（詳見林滿紅，前書，頁74）。

> 從東洋之戰略上而論，台灣島之發展，我國人（指日本人）今後必
> 須特別加以注意。本人此次巡視該島內部，並調查該島之物產淵源
> 與其他諸事，發現該島之富饒，實在達到令人驚奇的程度（中略）……
> 真正可以稱之為天賜寶藏之地〔註90〕。

由此可見清末的台灣絕對不是化外之地，而是具有豐富資源、經濟相當發展
的寶島。當然，促成清末台灣經濟發展的主要動力，不外乎農民積極的開墾
與資本家的從中推動生產並積極開拓市場。

　　就清代台灣開拓過程而論，清廷官方並無積極開拓的政策，都是民眾（以
大陸本土破產的中貧農階層移住台灣之移民）為了維持生存不得不進行開拓
事業。由於台灣是移民社會，受傳統封建的桎梏較少，還有外地來台任期短
暫（無意久居）的官吏，加上存著「台灣是化外之地」的觀念，這種種因素的
影響，造成了清一代台灣統治權力極為薄弱的現象，論者都以為這種現象阻
礙了民間的開拓活動。但是這種現象的存在，與其說阻礙了民眾的開拓活動，
不如說反而有利於民眾的開拓活動〔註91〕，因為「三年一小反，五年一大亂」
這句俗語，無形中等於向民眾公開了官方權力薄弱的現象，所以，華南地區
失業的農民，移來台灣以後才敢充分發揮精力，積極開拓〔註92〕。

　　又因為台灣是一塊土地肥沃的處女地，同時處於亞熱帶地區，陽光充足，
作物收成良好，加上茶、糖、樟腦等特產物在國際市場上擁有相當有利的地
位，在這些優厚的條件之下，台灣的確是進行開拓事業與經營農業最適當的
地方，所以，農民更願意花費精力，進行深一層的開拓，結果台灣耕地面積
乃大為增加；同時，在台灣經營農業又比大陸本土有利，移民不斷增加的結
果，使得清末台灣人口增加到二五五萬〔註93〕。

　　不僅產業發達，貿易也極為有利。雖然在英美等國外商大量榨取之下，也
產生了代表性的商業資本家，如陳福謙（糖業資本家陳仲和的前代）〔註94〕、

〔註90〕參謀本部編：《台灣誌》，明治二八年一月，「某領事ノ台灣視察」，頁 199～
　　　　200。關於 1890 年 12 月日本駐福州領事上野專一來台視察的詳細情形，請
　　　　參閱林正子：〈上野專一——日清戰爭前の台灣認識の先驅者——〉，《台灣近
　　　　現代史研究》，台灣近現代史研究會編，第二號，東京，龍溪書舍，1979 年 8
　　　　月 30 日，頁 30～60。
〔註91〕戴國煇：〈清末台灣の一考察〉，前書，頁 270。
〔註92〕同上，頁 270～271。
〔註93〕同上，頁 371。
〔註94〕連雅堂：前書，頁 1116。

林維源（板橋林家花園）（詳見第六章）、黃南球（苗栗）〔註95〕、李春生（台北）〔註96〕、沈鴻傑（台南、連橫的外舅）〔註97〕等。尤其是沈鴻傑特別注意製糖方法的改良，從德國引進新式機器，在新營試驗，就當時而言，確實是一件令人驚奇的事〔註98〕。

上述台灣產業狀態及經營發展，與台灣洋務運動到底有何重要關連呢？這是必需提出來討論的問題。

第一：因為台灣具有相當規模的經濟發展和注重生產經濟作物，做為商品的商業資本家，所以，在洋務運動中，特別是劉銘傳的新政，可以歸之於島民基於經濟發展需要，在意識上產生導入洋務運動（近代化運動）之期望。換句話說，台灣洋務運動，從經濟發展的情形而論，島民有主動要求展開此一運動的特性（詳見本章第四節）。

第二：清廷腐敗，在財政上已極拮据，但又不得不大量投資於新政的實施上，如果僅依關稅收入和地租，試圖收回新政支付的費用，這是很難達到的。所以，如果台灣是化外之地，則根本不可能考慮推行洋務運動〔註99〕。

第三：反言之，處在極度困難的洋務官僚，為了東南七省的防務需要而擴大充實台灣的防務，不顧一切的在台灣實行洋務運動，希望以台灣的經濟基礎，在洋務運動的推展下，繁衍更多的財富，並且計劃以此財富充作防務經費〔註100〕。

第三節　列強的覬覦與台灣主權的危機

十九世紀中期以後，西歐列強在東亞後進地區爭奪殖民地的過程中，台灣也被捲入這個漩渦。由於列強不斷對台灣進行擴張活動，甚至甫經維新不久的日本小國，也在 1874 年派兵征討台灣南部番地，一連串的外力侵台事件成為清廷在台展開洋務運動的主要因素。

從鴉片戰爭（1840 年）到中日甲午戰爭（1894 年）之間，列強對台灣的擴張活動，主要的有：

〔註95〕同上，頁 1117～1118。
〔註96〕同上，頁 1117。
〔註97〕同上，頁 1118。
〔註98〕同上。
〔註99〕戴國煇：〈清末台灣の一考察〉，前書，頁 271。
〔註100〕同上。

（1）1840年鴉片戰爭之際，英國軍艦在台灣近海出現。

（2）1854年美國遠東艦隊司令貝里（M. C. Perry 1794～1858）派遣軍隊至基隆，測量港灣，調查煤礦，以所得到的結論，積極向華盛頓當局提出占領基隆的計劃。

（3）1858年，天津條約，台灣府（包括台南、安平）和淡水開港。

（4）1860年，普魯士船砲擊南部高山族部落。

（5）1863年，打狗、基隆追加開港。

（6）1867年，美國軍艦砲擊與侵犯南部高山族部落。

（7）1869年，駐台英國商會與清廷官吏衝突，藉「樟腦紛爭」英國軍艦砲擊安平。

（8）1874年，日本對台的「牡丹社討伐事件」。

（9）琉球藩的廢止和沖繩縣的改設（即琉球完全併入日本勢力圈內）。

（10）1884年中法戰爭，法國艦隊砲擊、侵襲、封鎖基隆、淡水、澎湖〔註101〕。

〔註101〕清末台灣的涉外關係，相當的複雜。有關這方面研究的成果，由於涉外關係牽涉範圍極廣，作品也就非常之多。茲列舉重要的著作，供參考：
（1）黃嘉謨：《美國與台灣》，南港，中央研究院近代史研究所專刊（14），中華民國55年2月初版。
（2）黃順進：《英國與台灣》（1839～1870），國立台灣大學政治學研究所碩士論文，中華民國65年6月（未出版）。
（3）林子侯：《台灣涉外關係史》，嘉義，自刊本（台北，三民書局總經銷），中華民國67年3月出版。
（4）Sophia, Su-fei Yen, Taiwan in China's Foreign Relations 1836～1874（Hamden, Conecticut: The Shoe String Press, 1965）.
（5）Carrington, George Williams, Foreigners in Formosa 1841～1874（Oxford University of Oxford, 1973）.
（6）Hu, Hua-ling Wang, American diplomatic and Commercial Relation With Taiwan up to 1872.（The Thesis（(ph. D)）—Boulder University of Colorado, 1971）.
（7）鄭留芳：《美國對台灣的侵略》，世界知識社出版，1954。
（8）卿汝楫：《美國侵略台灣史》，中國青年出版社出版，1955。
（9）Gordon, Leonard H.D, "Taiwan and the Powers: 1840～1895," in Leoonard H. D. Gordon（ED.）Taiwan:Studies in Chinese Local History（New York: Columbia University Press）, PP. 93～116.
（10）連戰：〈台灣在中國對外關係中的地位〉（1683～1874），載薛光前，朱建民主編：《近代的台灣》，台北，正中書局印行，中華民國66年9月，頁65～130。

　　以下就歐美列強對台灣擴張活動與日本 1874 年出兵台灣的事件，來論外力壓迫導致清廷在台推行洋務運動。

一、歐美列強對台的擴張企圖

　　清末歐美列強為爭取台灣為殖民地的競爭極為激烈，後來列強為維持在台的均衡勢力與共同商業利益，排斥任何一國在台灣取得特別利益與權利，這項主張後來發展成為列強對台的共同外交政策，即所謂共同合作政策（Coperation policy）〔註 102〕。

　　歐美列強中，首先對台灣有興趣的是英國與美國〔註 103〕。下面將敘述清末英國企圖占領台灣的計劃：

　　（1）1833 年（道光十三年），英國商人建議英國政府佔領台灣〔註 104〕。東印度公司（East India Company）在國會通過結束在華貿易的獨占權利時，也要求英政府占領台灣〔註 105〕。

　　（2）1840 年（1 月 27 日）道光十九年（12 月 23 日），赫威廉（William Huttmann）提出「和平佔領台灣東部」的建議……「台灣東部尚未為中國人或任何國家主張為其所有，清政府也未將它列入版圖，……必能和平佔有它」〔註 106〕。

　　（3）1840 年 8 月，在中國經商多年的查甸博士（Dr. William Jaradine）得悉清廷的禁煙行動時，曾與英外相巴麥尊（Lord Palmerston 1784～1865）商談，早已建議英政府佔領台灣〔註 107〕。

　　（4）1841 年（道光廿一年），費丁上校（Colonel Fielding）也曾向外相提議佔領台灣全島，台灣為福建穀倉，占領它就可以迫使福建政府以茶葉來交換米穀〔註 108〕。

〔註 102〕 Gordon, Leonard H. D., "Taiwan and the Powers: 1840～1895", Leonard H. D. Gordon（ed）, op. oit., P.94.

〔註 103〕 Ibid P. 96.

〔註 104〕 James W. Davidson, op. cit., P.171.

〔註 105〕 Ibid.

〔註 106〕 黃順進：《英國與台灣》，國立台灣大學政治研究所碩士論文（未出版），中華民 65 年 6 月，頁 14。

〔註 107〕 J. K. Faibank, Trade and Diplomacy in the China Coast 1842～1854（Cambridge, Massachusetts, Harvard University Press, 1953）, Vol. 1, P. 82; Vol. 2, P.7.

〔註 108〕 Great Britain, Foreign office, China: General Correspondence Respecting the Affairs（Microfilm）F. O. 17/228, PP. 99～100, Fielding to Clarendon, Mar 9, 1857. 轉引自黃順進：前論文，頁 15。

（5）1857 年（咸豐七年），費丁上校重提當年的備忘錄，要求外相克萊蘭頓（Earl of Clarendon），應儘快占領台灣〔註109〕。同時，在歐洲報紙上也傳出英人對台灣有占領的企圖〔註110〕。

美國對台灣的野心並不下於英國，早在道光十二年（1832 年），在美國商人伍德（Wm. B. Wood）創辦的「中華快報與廣州新聞」（Chinese Courier and Canton Gazette）上，曾明白建議攫取台灣，以建立美國對華商站〔註111〕。1850 年代以後，美國人主張占領台灣的意見更多。

（1）1854 年 3 月 24 日，（咸豐四年 2 月 26 日），美國人赫厘士（Townsend Harris）建議美國政府占領台灣，做為擴展美國商務及軍事基地〔註112〕。

（2）1854 年秋，率領美國東印度艦隊遠征中國及日本的貝里司令（Mathew C. Perry），在研究美艦馬其頓號（The Macedonian）及供應號（The Supply）的訪台報告後，建議美國政府應該在台灣的基礎建立一個殖民地兼軍事基地〔註113〕。他想在台灣「擴張美國的領土」（Extension of American Territory）〔註114〕。

（3）1856 年 12 月 12 日（咸豐六年 11 月 15 日）美新任駐華公使伯駕（Petter Parker），也向美國務卿建議美、英、法三國聯合前往北京交涉條約，若不受歡迎時，法國就占領朝鮮，英國再占領舟山，美國則占領台灣〔註115〕。

（4）1857 年 2 月 12 日（咸豐七年正月 18 日），伯駕又得悉美商與台灣道達成協議，取得打狗港的貿易特權時，再度向國務院重申占領台灣的建議〔註116〕，三月十日，伯駕再議取台灣，俾獲煤礦等資源〔註117〕。

〔註109〕Ibid.
〔註110〕The China Mail, No. 650, July 30, 1857, P.123.轉自黃順進：前論文，頁 115。
〔註111〕黃嘉謨：前書，頁 33〜36。
〔註112〕同上，頁 127〜134。
〔註113〕同上，頁 256。
〔註114〕Dr. Ludwing Riss 著，周學普譯：載台灣經濟史三集，《台灣島史》，台灣銀行經濟研究室編印，台灣研究叢刊第三四種，頁 30。
〔註115〕黃嘉謨：前書，頁 158。
〔註116〕同上，頁 143〜148。
　　　　或參閱黃嘉謨：《甲午戰前之台灣煤務》，南港，中央研究院近代史研究所專刊，中華民國 50 年 5 月初版，頁 257。
〔註117〕同上，頁 149。

（5）1857年3月2日，美商魯濱內（W. M. Robinet）致函伯駕，建議由美人在台灣建立政府，開煤礦等資源〔註118〕。

（6）1857年6月21日，伯駕照會英使包令（John Bowring 1792～1872），反對任何有關占領台灣或控制台灣的行動。因如果台灣島與大清帝國之間斷絕政治關係，他可證明美國應有優先權取得台灣，蓋美國公民已經和台灣官府簽訂協約，並且美國旗已在該地懸掛一年以上〔註119〕。伯駕得到包令的照會，卻躊躇滿地，在美國國務院報告所有經過時，樂觀的作一結論，認定美國日後必可合法的占領台灣，而不會受到英國反對〔註120〕。

（7）1857年4月2日（咸豐七年），英、美、法三國使在澳門秘密會商，對中國採取行動時，美國公使伯駕公然提出建議，他認為要得到一個適當條約，並且使該條約受到遵行，應由美國占領台灣，英國占領舟山，而法國占領朝鮮。〔註121〕

以上是英國與美國在1830年代到1860年代，企圖占領台灣的種種建議或計劃，這些建議與計劃都是由英、美兩國在中國的商人及官員（外交官）或軍人所提出的主張，但是，無論由商人或軍人或官員所作的建議，其基本目的都是一樣，企圖占領台灣做為殖民地，並剝取台灣豐富的資源——茶葉、煤、糖、樟腦等，同時傾銷鴉片，並以台灣作為在遠東擴充殖民勢力的軍事基地。

清末英法列強的商人及官員之中，雖然有占領台灣的野心，但是國內議會與政府都不表贊同而沒有實現〔註122〕。英國自從1776年北美洲獨立以來，1826年也陸續承認中南美各國的獨立。自產業革命成為「世界的工廠」而稱霸世界市場以後，風行自由主義的殖民政策，殖民地對英國的意義轉變為原料的供給地和工業製品的推銷市場，當時英國的產業資本家，雖然喜歡追求產業上或貿易上的利潤，但是厭惡負擔此利潤以外的殖民地統治費和軍事費，

〔註118〕同上，頁147～149。

〔註119〕同上，頁150～151。

〔註120〕同上。

〔註121〕Great Britain, Foreign office, China: General Correspondence Respecting the Affairs（microfilm），F. O. 17/267, PP. 31～33, Bowring to Clarendon on Bowring to Clarendon, Apr. 4, 1857.轉引自黃順進：前論文，頁114。

〔註122〕黃嘉謨：前書，頁153。

李定一：《中美早期外交史》，傳記文學出版社，中華民國67年5月1日初版，頁293～314。

所以 1840 年議會甚至通過加拿大統一法，賦與加拿大自治權，依「英領北美洲條例」成立新的加拿大聯邦自治領。當時英國自由主義的風沛，認為只要自由競爭而貫徹自由貿易的原則即可，殖民地是不需的也是損失的。美國經過 1861 到 1865 年的南北戰爭以後，百廢待興，且美洲西部還有很大的未拓荒地，並不急於向海外擴張殖民地，只要在海外擁有通商貿易的港口做為據點即可〔註 123〕。

在這種背景之下，前述英美列強對台的領土野心也就沒有付之行動，但是對台灣的興趣與台灣的商業利益，常藉由礮艦政策逼迫台灣地方當局或清廷讓步，使他們在台灣取得更大的商業利益與特權。

除上述的侵略行動之外，還在地圖上將台灣劃分為二，一為中國統治區域，一為生番地帶。下面所附三張清末洋人所繪之地圖，充分表現列強對台灣的領土野心之一斑。地圖上，他們在台灣中央地帶劃了一條中國官方統治界線（Boundary of territory under Chinese Goverrment）。圖 1-2 地圖的時間在 1872 年至 73 年，為英國領事對英政府的報告書〔註 124〕。圖 1-3 地圖的時間是 1874 年 8 月下旬，由美人李仙得在上海洋商刊出的小冊子《台灣番區是中華帝國的一部份嗎？》（Is Aboriginal Formosa a part of the Chinese Empire？）〔註 125〕。圖 1-4 地圖是 1884 年 10 月 13 日，英國官員（L.C. Hopkins）有關台灣的報告書，圖中特別註明生番仇視中國人〔註 126〕。這三張地圖可以說明列強有意把台灣東部生番地區不屬於中國版圖的說法，藉地圖而使人產生具體的感覺。1874 年日本出兵台灣，就充分利用了這條「中國官方統治界線」，而主張台灣東部不屬於中國版圖〔註 127〕。

〔註 123〕參照許介鱗：《美國政治專題研究講義》。

〔註 124〕British Parliamentary Papers, Embassy and Consular Commercial Reports 1872 ～73（Irish University, 1971）Vol. 10, P. 90.

〔註 125〕Chs. W. Le Gendre 著，立嘉度譯，本多政辰編：《蕃地所屬論》，日本明治七年。

〔註 126〕British Parliamentary Papers, Embassy and Consular Commercial Reports 1884 ～1888（Irish University Press 1971），Vol. 15.

〔註 127〕松永正義：〈台灣領有論の系譜──1874（明治七年）の台灣出兵を中心に──〉，台灣近現代史研究會編，《台灣近代現代史》，創刊號，東京，龍溪書舍，1978 年 4 月 30 日，頁 13、17。

圖 1-2

取自 British Parliamentary Papers, Embassy and Consular Commercial Reports, Irish University press, 1971, vol.10（1872）。

圖 1-3

取自 C. W. Le Gendre, "Is Aboriginal Formosa a part of the Chinese Empire?"，日譯本，立嘉度譯，本多政辰編：《蕃地所屬論》（一八七四年）

圖 1-4

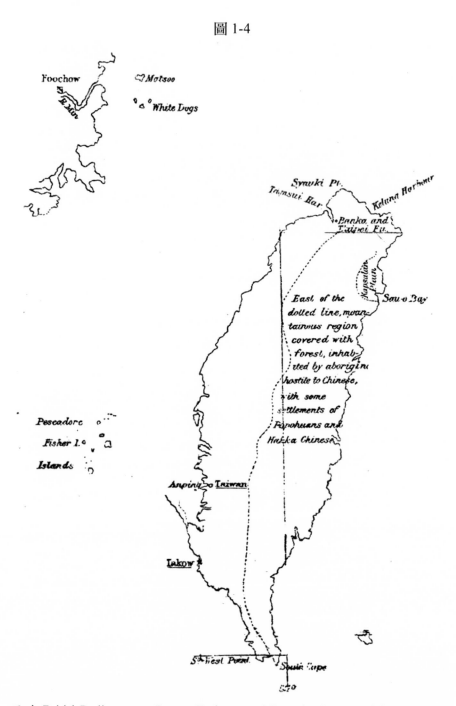

取自 British Parliamentary Papers, Embassy and Consular Commercial Reports Irish University Press, 1971, Vol. 39.（Reported by Mr. L. C. Hopkins on the Island of Formosa Oct. 13,1884）

二、日本侵犯台灣──台灣事件

1874 年日本出兵台灣的事件對近代中國的衝擊很大〔註 128〕；日本出兵台灣的直接影響，引起中國再度重視海防的重要性，由於海防論的興起，且因台灣位居海洋中，在海防上的地位從此被重視，因此在大陸本土，這個事件的刺激，終於使以促進軍事近代化為主要目的洋務運動引進台灣。台灣事件既是導致洋務官僚在台推行洋務運動的關鍵，則它的發展過程實有詳細討論之必要，限於篇幅，本文僅就日本出兵台灣的發展過程與性質加以討論，並探討清廷對台灣東部經營上及認識上之疏忽所導致的「清末台灣東部主權之危機」。

1895 年（光緒二十一年）四月簽訂馬關條約，滿清政府割讓台灣、澎湖，使之成為日本帝國的第一塊殖民地。但是日本併吞台灣的陰謀，並非始自甲午戰爭；遠者不論（如豐臣秀吉曾計劃招撫「高山國」──台灣），單是德川幕府以來，日本所謂的「有識」之士，主張占領台灣之言論已時有所聞〔註 129〕。從德川幕府末期的佐騰信淵、島津齊彬、吉田松陰、野本白岩、山田方谷等之推波助瀾可了解日本企圖占領台灣的歷史根源〔註 130〕。這種企圖併吞台灣的構想，在明治維新後便付諸實施；同治十三年（1874 年）的「征台」之役是併吞台灣的前哨戰〔註 131〕。

1874 年日本出兵台灣的表面理由是：1871 年來，因颱風而飄流到台灣南部東海岸的琉球島民，其中五十四名被高山族殺害（由於誤解而起衝突，遂

〔註 128〕請參閱蔣廷黻編：《近代中國外交史資料輯要》，中卷，（台灣商務印書館發行，中華民國 48 年 5 月台一版），關於「台灣問題」（即牡丹社事件，又稱台灣事件）有七點值得注意：第一、日本進攻台灣的消息，我們最初得自西人，且半信半疑。第二、沈葆楨受命辦理台灣海防以後，只好臨時抱佛腳。第三、中國彼時就好找西洋各國來處置中日兩國間的問題。第四、日本特使大久保利通乘機大教訓我們如何主權與責任不能分離。第五、因台灣問題，我們想起新式海軍之必要；於是我們的海軍自始即以日本為理想之敵。第六、日本進兵台灣，我們不但未抵抗，反出錢誘其撤退。第七、台灣問題的解決方法使日人以為中國默認琉球是屬於日本（頁 106～107）。
〔註 129〕松永正義：前文，頁 16。
〔註 130〕同上，頁 20～22。
〔註 131〕梁華璜：〈近代日本南邊的序幕──中日戰爭與割讓台灣──〉，《新加坡南洋大學學報》，第 2 期，1968 年，頁 202。
梁華璜：〈甲午戰爭前日本併吞台灣的醞釀及其動機〉，《台灣文獻》，第二十六卷，第 2 期，台中，台灣省文獻委員會出版，中華民國 64 年 6 月 27 日，頁 104～106，頁 113～114。

遭殺害），日本因此興兵問罪〔註132〕，事件的發生及經過如下：

　　1871 年 10 月 29 日，琉球有宮古島船二艘與八重山島船二艘，在沖
繩島首里地方，辦完納貢事務，由距那霸七里之計羅間島解纜，各
就歸途。其中宮古島船一隻於 11 月 1 日，因颱風關係，以致進退
失據，僅能遠遠望見鄉之宮古島。同年 6 月，漂至台灣南部東海岸
蕃地，即恒春八瑤灣。其船員中三名於登岸時溺斃。勉強登陸者六
十六名，內五十四名又慘遭高士佛、牡丹兩社蕃人殺斃，僅十二名
免於難〔註133〕。

　　第一個將這事件報告給日本政府的人及經過是：船難事件之翌年（1872
年）5 月 9 日，附在柳原前光（當時在中國）給副島種臣外卿的報告中〔註134〕，
（柳原於 1871 年 7 月與全權大臣伊達宗城奉派赴清廷，簽署日清修好條約
〔註135〕），他在是年 5 月 11 日閱讀京報（Peking Gazette）〔註136〕得悉此事，
接著在 7 月由清廷當局護送尚存的漂流難民回到那霸，外務省派駐琉球藩的
薩摩藩士伊地知貞馨於 7 月 11 日向鹿兒島廳急報後，縣參事大山綱良於翌 12
日馬上造具事件報告，寫了一篇建議書主張應派遣征討軍進攻台灣，並派伊
地知送到東京。建議書內有言：「仗皇威，欲興問罪之師征彼，故謹請賜借軍
艦，直指彼之巢窟，殲其巨魁，上張皇威於海外，下慰島民之怨魂」〔註137〕。

〔註132〕松永正義：前文，頁 8。
　　　　琉球島民於 1871 年未遭受台灣南部高山族殺害，直到 1874 年日本才藉口
　　　　以「問罪」剿番為名，出兵台灣，由此可見，出兵台灣的目的，顯然以侵略
　　　　台灣，企圖領有台灣為目的。
〔註133〕庄司萬太郎著，賀嗣章譯：〈牡丹社之役與李善得之活躍〉，《台灣文獻》，第
　　　　10 卷，第 2 期，中華民國 48 年 6 月 27 日，頁 65。
　　　　庄司萬太郎：〈明治七年征台之役に於けるルジヤンド將軍の活躍〉，《台灣
　　　　帝國大學文政學學部史學科研究年報》，二輯，昭和十年（1935 年），頁 337。
〔註134〕松永正義：前文，頁 8。
〔註135〕同上。
〔註136〕鄭永寧編：〈副島大使適清概略〉，《明治文化全集，外交篇》，日本評論社，
　　　　1928 年 1 月初版，頁 71。
　　　　連戰：〈台灣在中國對外關係中的地位（1683 年～1874 年）〉，薛光前、朱建
　　　　民主編：《近代的台灣》，台北，正中書局，中華民國 66 年 9 月，台初版，
　　　　頁 101。
〔註137〕松永正義：前文，頁 8。
　　　　王詩琅：〈「牡丹社事件」日方資料〉，《台北文獻》，第 23、24 期，中華民國
　　　　62 年 6 月，頁 35。

　　日本處心積慮想占領台灣，而當時熊本鎮台鹿兒島分營長陸軍少佐樺山資紀（領台後首任總督）更積極入京聳動，拜訪西鄉隆盛、西鄉從道、副島種臣〔註138〕。但是如何利用琉球人民被生番殺害的事件，來達到出兵台灣的目的？首先必需肯定琉球與日本的關係，於是「因台灣事件乃請琉球王出府。訂立條約三條，秘密仰請上峰卓裁。擬定列為華族稱琉球藩王，而從來之各國條約等則斷然予以廢止」〔註139〕，果然在是年9月5日琉球王子入京，14日，琉球王子晉官，封藩王，列入華族……由此與各國間所訂條約等悉皆廢棄〔註140〕，日本並未與清廷作任何的交涉，片面把琉球王國改變為琉球藩王後，明治政府曾對列強諸國要求承認為日本領土。10月20日，首先由美國駐日公使狄倫（De Long）表示承認日本的措施，其他的國家也繼後陸續承認〔註141〕。

　　日本並沒有急促出兵台灣，「然倘不正名而征之，即等於寇耳。幸勿暴虎馮河。種臣謀之，可慮者三：外國眈視台灣久矣，一也。清國僅治半偏而謂全有，二也。生蕃野性好勝，死後始認真，二也」〔註142〕。副島種臣了解，列強垂涎台灣已久，必不容他國獨占台灣利益，悍然出兵，必然引起列強干涉，因此必須尋求列強的支持。另台灣東部番地主權問題，日本也特別注意美國廈門領事李仙得處理羅妹號事件，率兵征討台灣生蕃的經驗；樺山資記的「台灣紀事」中有「台灣東部番地屬於中國之主權外，各庄有統領主宰之。前年，美人慘遭暴殺，因而發生戰爭。嗣以日夜由深林之狙擊不斷，不得已始行退兵（美方），並訂明條約將來倘懸國旗（美國）則互不加危害」之言〔註143〕。

　　1872年秋，日本正為這些問題困擾，而廟議不定的時候，對台灣問題頗具權威的人物——美駐日公使狄倫（De Long）的出現，給副島重大的啟發。是年10月25日狄倫會見副島聳動日本占領台灣，「台灣雖屬中國管轄，惟政令不行，浮游不定，攫取者即可屬其所有物也」〔註144〕，副島問關於列強的態度：「該地（台灣）固為我方素渴望之地，貴方高見如何？」狄倫答：

〔註138〕王詩琅：前文，頁36～37。
〔註139〕同上，頁37。
〔註140〕同上，頁37。
〔註141〕同上，頁39。
〔註142〕鄭永寧編纂：〈副島大使適清概略〉，《明治文化全集外交篇》，日本評論社，1928年1月初版，頁64。
〔註143〕王詩琅：前文，頁37。
〔註144〕王詩琅：前文，頁39。

「美國固不致占有他國之地，但我友睦各國佔有他國土地，或加擴殖自屬同意」〔註145〕，可見列強中的美國對於日本出兵台灣，占領台灣東部的企圖，至少沒有反對的態度。

又當時適遇李仙得（1867年羅妹號事件而聞名的前廈門領事）「正辦完結（羅妹號事件），回國途中，泊橫濱」〔註146〕，於是由狄倫的介紹，10月26日會見副島，「共語半日，相見恨晚，遂劃定征蕃之策」〔註147〕，並立即被任為准二等官，充外務省顧問。為何副島、李仙得會有「相見恨晚」的感覺？蓋李仙得以為「中國似視台灣番地為他國，日本前來占領，係屬相當」〔註148〕。

副島所擔心的三個因素中，已知道列強不反對日本出兵，又有李仙得支持蕃地不屬中國之論，剩下的是如何從中國獲得討伐生蕃之保證。於是副島上奏：「不令外國覬覦台灣，妨害我王事，並令華人，甘讓生蕃之地。闢土地，得民心，非臣莫屬。請適清，藉換約而入北京，說服各國公使，絕其娼疾，與清政府因議論謁帝，而告以伐蕃之緣由，正其經界，開拓半島」〔註149〕，副島奏請出使中國，目的是要與中國劃定台灣東部經界，然後台灣東部歸日本統治（開拓半島），而日本政府給副島的示諭中，其態度為：

（1）應責成中國政府，視台灣全島為屬地；接受日本之交涉，並任由中國施行辦法，為枉死人伸冤。……

（2）中國政府若以台灣番地非政權所及，不作為屬地，而不接受交涉時，即任朕辦理。

（3）中國政府，若以台灣全島為屬地，但推諉其詞，不接受交涉時，應即明顯指示中國已失政權，且責備生蕃人無理暴逆，應治以相當之罪。倘有不服，則以後辦法，即任朕意〔註150〕。

從這個給副島出使清朝的示諭中，雖然有「責成中國政府，視台灣全島為屬地」的保留態度，但只要目的則在取得中國承認台灣東部不隸版圖的口實，事後證明日本達成第三種辦法。

〔註145〕同上。

〔註146〕庄司萬太郎著，賀嗣章譯：前文，頁65。

〔註147〕鄭永寧編：〈副島大使適清概略〉，前書，頁65。

〔註148〕庄司萬太郎著，賀嗣章譯：前文，頁65。

〔註149〕鄭永寧編：〈副島大使適清概略〉，前書，頁65。

〔註150〕岩倉公舊蹟保存會編：《岩倉公實記》，下卷，東京，昭和二年7月12日，再印，頁124～125。

　　副島大使 1873 年 4 月 20 日抵天津前，30 日與大學士李鴻章交換中日修好條約後，因為謁見同治皇帝事忙，實際進行台灣問題的交涉，則由副使柳原前光擔任，6 月 21 日，柳原於總理衙門，會晤吏部尚書毛昶熙，戶部尚書董恂，就生蕃掠殺琉球國民事件進行會談時，取得了清朝當局的言質「此島番民有生熟兩種，……其不服王化者謂生番，置之化外，甚不為理」〔註 151〕，日方代表則表示「以是之故，我政府謀直征之，此乃奉使明告貴政府之原因，以避猜疑，然後理化外之地，非干涉貴國，無侵越之憂」〔註 152〕。

　　副島取得清廷方面口頭發言後，於 6 月 22 日急速回國〔註 153〕，7 月 21 日在給西鄉隆盛弟西鄉從道的信中，提到「出兵之際，依賴鹿兒島士族從軍」〔註 154〕之事，又當時「京阪富豪募集財產數百萬，援助伐蕃之舉，願充作開拓蕃地費用」〔註 155〕，出兵台灣之事顯然已甚確定。然因「征韓論」之爭，10 月 24 日西鄉下野，政權移到大久保利通手中，翌日（12 月 25 日）副島也下野，雖然主張征台人物下台，但此只意味出兵征台將暫時延期，並不因內治派大久保掌權而取消出兵台灣〔註 156〕。事實上，在同年 11 月 1 日，日本派遣軍艦春日號前往台灣，「測量台灣近海，偵知生番動態」〔註 157〕。12 月 5 日到台灣視察的福島九成回到日本，向岩倉具視提出出兵建議書，岩倉乃誘勸大久保會見福島〔註 158〕，翌日（12 月 6 日），兒玉利國、成富清風也從台灣回到日本，大久保在 12 月 17 日招待他們並聽取報告〔註 159〕，結果，在 1874 年 2 月 6 日，參議大久保、大隈重信所造具的「台灣番地處分要略」九條，提出內閣會議討論之後，閣議決定出兵台灣〔註 160〕，根據「番地處分要

〔註 151〕鄭永寧編：〈副島大使適清概略〉，前書，頁 71。
〔註 152〕同上。
〔註 153〕同上。
〔註 154〕松永正義，前文，頁 9。
　　　　《大西鄉全集》，第 2 卷，平凡社，1927 年 6 月。
〔註 155〕庄司萬太郎著，賀嗣章譯：前文，頁 68。
〔註 156〕松永正義：前文，頁 9。
　　　　梁華璜：〈甲午戰爭前日本併吞日本的醞釀及其動機〉，《台灣文獻》，第 26 卷第 2 期，1968 年，頁 104～105。
〔註 157〕水野遵《征番私記》，大路水野遵先生，大路會，1930 年 5 月。松永正義：前文，頁 9。
〔註 158〕同上。
〔註 159〕同上。
〔註 160〕同上。

略」，出兵的根據是「台灣生番之部落，係清廷治權未及之地，此事可由清廷所刊印之書籍中求證。尤其是去年（1873 年）副島種臣使清之際，清廷官員亦答以生番係化外之民，故將番地視為無主之地，不無道理」〔註 161〕。

這裡所謂的「處分」是採用一種曖昧的表現法，其真意乃要領有台灣東部〔註 162〕，4 月 4 日，升陸軍大輔西鄉從道為陸軍中將，任台灣蕃地事務都督，又任大隈重信為台灣蕃地事務局長官〔註 163〕，4 月 9 日，西鄉都督，率軍由橫濱解纜，上征蕃之途〔註 164〕。

從以上的探討中，可以了解日本企圖占領台灣的計劃非常細密；包括取得列強之支持、取得中國之口實，運用西方國際公法領土概念，派特務到台灣實地調查等等。現在不擬繼續討論日本出兵台灣後的發展情況，以及這個危機如何化解，在此僅就日本出兵台灣所根據的理由中，討論有關清代經營台灣的傳統政策有何嚴重的缺失之處。

日本出兵台灣的根據是「台灣生番之部落，係清廷治權未及之地，此事可由清廷所刊印之書籍中求證。尤其是去年（1873 年）副島種臣使清之際，清廷官員亦答以生番係化外之民，故將番地視為無主之地，不無道理」〔註 165〕，就這個「根據」而言，至少可以發現以下可能隱藏的事實：（一）滿清統治台灣一百九十年（1683～1874 年），主要的統治策略是壓制從大陸移住台灣的漢民族，使漢民族在台灣的勢力納入政治控制之下，所以（二）滿清政府（官吏）的「台灣像」（對台灣的認識），只是漢人分布地帶的西部地區，而不是台灣全島〔註 166〕。（三）居住山地的高山族不會構成強有力的反清勢力，所以不

〔註 161〕梁華璜：〈甲午戰爭前日本併吞日本的醞釀及其動機〉，《台灣文獻》，第 26 卷第 2 期，1968 年，頁 104。

〔註 162〕同上。

〔註 163〕庄司萬太郎著，賀嗣章譯：前文，頁 69。

〔註 164〕同上。

〔註 165〕同註 161。

〔註 166〕這種滿清官吏的「台灣像」，可以從另一個角度來分析，因為在 1874 年以前，中國根本沒有西方萬國際法中的領土概念。

最初主張領土為國家的要素，據 G. Jellinek 說乃是 J. L. Kluber 於 1817 年發表的《德意志公法》（Ceffentliches Rechtdes Deutschen Bandes）一書，把國家定義為市民團體「而有一定的土地範圍」（mit einem bestimmten Landbezirk）（彭明敏著：《國際公法》，頁 91）。由此可見，領土的概念，在西方的發展，也是從十九世紀才開始。反觀中國呢？同治元年（1862），清廷正式設立同文館，聘美國傳教士丁韙良（W. A. P. Martin）為總教習，丁氏

是政治控制的主要對象，因而對於生番所居住的東部山區版圖，就置之不理。從以下的討論中便可明瞭這種現象。

　　清朝初領台灣時，施琅《陳台灣棄留利害疏》云：「台灣設總兵一員，水師副將一員，陸師參將二員，兵八千名；澎湖設水師副將一員，兵二千名，通計一萬名，足以固守」〔註167〕，這一萬名兵主要是壓制漢人，因為「台灣是一個重要地方，假設有一個漢人去占領，他就可以在中國釀成大亂，因此滿州人派有一支一萬人的軍隊駐守」〔註168〕，因為，統治台灣在策略上的設計，是要控制漢人以防作亂，所以這種統治觀念決定了清廷官吏的台灣像。

　　台灣西部漢人分布地區，1694年高拱乾修「台灣府志」有台灣西部全圖〔註169〕。1714年，洋教士馮秉正（De Mailla，1669～1748年）等奉旨測繪台灣地圖如圖1-5，似乎只測繪台灣西部〔註170〕，以康熙皇帝重視輿地版圖的細心：「朕於地理，從幼留心，凡古今山川各號，無論邊徼遐荒，必詳考圖籍，廣詢方言，務得其正」〔註171〕，何至於馮秉正只繪台灣西部地圖呢？馮秉正說「我們整整化了一個月的時間以測繪這個島上屬於中國部份的地圖」〔註172〕，因為「並不是整個台灣島是屬於漢人（原文作支那人）的，它分為兩部份：東部和西部，中間是高山……只有大山的西部纔是屬於漢人的，就是在北緯二二度八分至二五度二〇分之間」〔註173〕，馮秉正等是奉旨測繪地

　　　　在其任內將美人惠頓（Wheaton）的《國際法大綱》譯為中文，於同治三年出版，題名為《萬國公法》，是為中國第一本國際法著作（參閱丘宏達：《中國國際法問題論集》，台灣商務印書館，民國57年12月初版，頁1）。
　　　　這本國際法著作，影響到底如何？對中國的國際觀念有什麼樣衝擊呢？但我們可斷論1874年，中國的國家觀念，非但還沒有明確的領域觀，甚至連統治客體的「人民」要素，也未必明確。
〔註167〕施琅：《靖海紀事》，台灣銀行經濟研究室編印，台灣文獻叢刊第一三種，《恭陳台灣棄留疏》，頁61。
〔註168〕方豪：〈康熙五十三年測繪台灣地圖考〉，《台灣文獻》專刊，創刊號，中華民國38年8月15日。收錄於方豪：《六十自定稿》，頁586。
〔註169〕高拱乾：《台灣府志》，台灣銀行經濟研究室編印，台灣文獻叢刊第六五種，〈台灣府總圖〉，頁2～4。
〔註170〕方豪：前書，頁581。
〔註171〕馬齊等修纂：《大清聖祖仁（康熙）皇帝實錄》，台北，華文書局影印，中華民國53年，卷二九〇，頁4。
〔註172〕方豪：前書，頁581。
〔註173〕同上，頁582。

圖的「欽差」，他們測畫的地圖是要交給皇帝看的，因而絕不敢隨意遺漏台灣東部，而有違康熙「務得其正」的聖意。

這種滿清官吏的台灣像，在《古今圖書集成》所繪之「台灣疆域圖」或道光二十二年（1842年）《嘉慶重修一統志》所繪之「台灣府圖」，或同治十年（1871年）《重纂福建通志》所繪「福建全省總圖」中「台灣府圖」都只是繪出台灣西部地區，完全見不到台灣東部〔註174〕；滿清統治台灣一百九十個年頭裏，台灣島雖入版圖，但他們的台灣像並沒有改變。雖然同治二年（1863年）「大清中外一統輿圖」（即皇朝中外壹統輿圖）的台灣地圖具有全島的形狀，但是東部地區，也只有寫出「生番」字樣，其他一概空白如圖1-6〔註175〕。雖然這是牡丹社事件以前，中國人所繪製的台灣地圖中較完整的一張，但是對東部的了解還是極少。直到1874年日本出兵台灣南部的瑯𤩝，主張東部番地不隸中國版圖，才改變了根深蒂固的台灣像，終於在日軍出兵後第五年，測繪第一張比較完整的台灣地圖如圖1-7，由當時的台灣道夏獻綸完成，「獻綸備兵來此，適足海疆多事，朝廷遂有開山撫番之命。……而內山道途、形勢，為從古方輿所不誌。獻綸則欲詳悉為圖，……因命山陰余二尹寵周遊各屬，創為之圖」〔註176〕。

清廷官吏一向的「台灣像」，在台灣未捲入國際爭端前，是不會有危險的，殖民主義國開始覬覦台灣後，就面臨了很大的危機。對於1867年，羅妹號事件，台灣道吳大廷接晤李領事（李仙得），告以「台地生番，不載版圖」〔註177〕，實在不是一時之誤，而是這種台灣像的反應。1873年，總理衙門毛昶熙、董恂答柳原前光「生番……置之化外」也是這種台灣像觀念下的另一反應。不幸的是這兩個「台灣像」的不良反應，都成為列強侵略台灣的口實，尤其是甫經維新的日本更是利用它做為出兵台灣的依據，造成這種

〔註174〕清代地圖是否代表領土的範圍，或是代表統治權行使所及的地區，這是值得探討的問題。但是上列諸地圖中，台灣東部完全空的事實，足以說明清政權未及台灣東部山區；至於地圖是否代表領土範圍問題，尚須進一步做更廣泛的分析，尤其與其他邊垂地區相較。

〔註175〕《大清中外一統輿圖》，21卷，卷首一卷，十六冊，國立台灣大學總圖收藏。（清）鄭世詒等編，（清）嚴樹森修，清同治二年湖北撫署景桓樓刊本。

〔註176〕夏獻綸：《台灣輿圖》，台灣銀行經濟研究室編印，台灣文獻叢刊第四五種，「序言」。

〔註177〕Chs. W. Le Gendre 著，無名氏譯：《台灣番事務產與商務》，台灣銀行經濟研究室編印，台灣文獻叢刊第四六種，頁2。

危機的根本問題，乃是清廷一百九十年來統治台灣的基本方針是「以防台而治台」，這種統治政策在十九世紀中後期的國際環境中，尤其是列強對台灣的百般覬覦下，導致許多爭端與危機。

由於列強一連串的對台侵略活動，加上 1874 年日本悍然出兵台灣的衝擊，使清廷認識到台灣為東南七省的門戶，在國防上占有重要的地位，乃修正了「以防台而治台」的基方針，為對應「亂自外至」的新情勢，不得不轉換為「以防外患而治台」的政策。

日本出兵台灣事件的衝擊，導致了台灣初期洋務運動，雖然修正了以防台而治台的政策，但積極以防外患而治台的政策並未真正推行，等到中法戰爭，受到法國侵略台灣的衝擊，洋務官僚才在台灣實行全面的洋務運動，徹底地建立一個新的統治局面，積極地推行「以防外患而治台」的種種政策。

附圖三張（圖 1-5、1-6、1-7）

圖 1-5

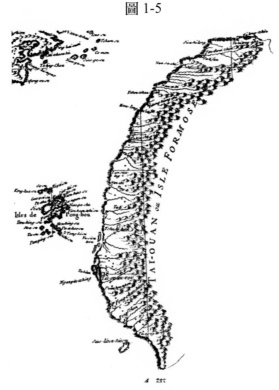

康熙 53 年（1714 年）測繪之台灣地圖

取自夏黎明、王存立、胡文青著《你不知道的台灣古地圖》，遠足
文化事業公司，第 1 版第 1 刷，中華民國 103 年 11 月，頁 13。

圖 1-6

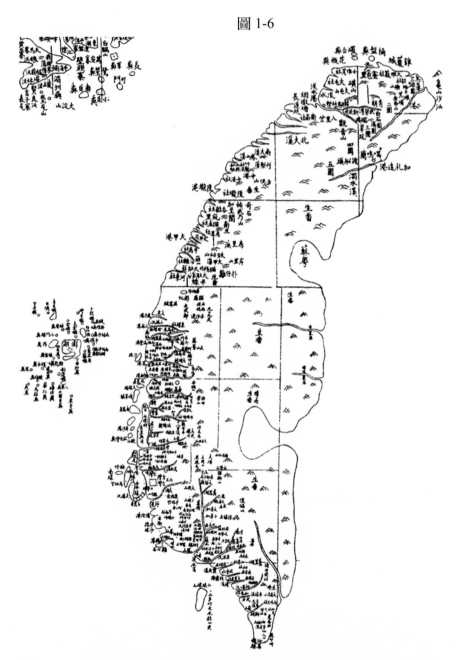

取自皇朝中外一統輿圖，同治二年（1863 年）台灣部部份。

取自夏獻綸：台灣輿圖，光緒五年（1879 年完成，1880 年刊）。

第四節　台灣洋務運動的特殊性

　　根據以上的討論，下文將進一步分析清末台灣經濟發展之狀態與洋務運動的關係。進行分析之前，對於大陸本土洋務運動所處的社會、經濟環境先行檢討。在本論文之導論中，已經指出洋務運動時期，中國（大陸本土）的政治、經濟、社會環境有以下幾個特點：

　　（1）南京條約（1842年）以後一連串的不平等條約，使清廷喪失了國家主權，無法再保持封閉時代獨立國家的地位。

　　（2）由於防止列強資本主義商品侵入中國市場的障壁已被打破，資本主義列強大量傾銷商品並掠奪原料，這種現象如怒濤般地湧入中國市場。

　　（3）結果，中國封建社會自然經濟結構，從個別的區域開始瓦解，也造成了中國家庭手工業的破產，同時農產品也轉變為商品。

　　（4）在資本主義列強交換商品的市場地帶，形成了殖民地式的都市（例如上海、廣州、福州、廈門、寧波等），也促成買辦資產階層的興起。

　　（5）資本主義列強的經濟掠奪，加上封建制度下的榨取，加速了中國農民的貧困，農民武裝鬥爭（特別是太平天國）大規模的展開，重重地打擊了中國的封建制度〔註178〕。

　　以上五個特點顯示，在列強資本主義外壓衝擊下，中國的傳統經濟結構逐漸遭受破壞，並開始解體，一般大眾（農民）也陷入更貧困的地步，在沒有更充分的資料證實上述狀況之前，為了比較上的方便，仍然假定上述特點足以說明清末中國政治、社會、經濟環境的實際情形。

　　然而清末台灣的政治、社會、經濟環境是否也與大陸本土遭受同樣的命運呢？在外壓因素方面，台灣與大陸本土同樣遭到列強的侵襲，所以外壓因素在本質上應無不同，然而因為台灣盛產茶、糖、樟腦與煤，而且又在遠東航線上，列強乃倍加注目，企圖占領台灣的論調盛極一時；然而因台灣地處邊疆，遠離中央政府，經常是不被重視一個島嶼，不僅如此，還在當時洋務派主流派（尤其是北洋派）的勢力範圍外〔註179〕，所以十九世紀七十年代以前雖然遭受列強不斷的侵襲，但並未引起應有的注意，直到1874年牡丹社事

〔註178〕許介鱗：〈日本と中國における初期立憲思想の比較研究──とくに加藤弘
　　　　之と康有為の政治思想的比較を中心にして〉，《國家學會雜誌》第83卷第
　　　　9、10號，頁711～712。
〔註179〕戴國煇：〈清末台灣の一考察〉，前書，頁272。

件危機波及中央政府，台灣的地位才逐漸受重視，洋務運動才開始導入，台灣洋務運動的展開比大陸本土晚了十五年。因此，台灣洋務運動展開之時機，恰好是大陸本土進入第二期洋務運動官督商辦企業時代。

若從社會、經濟方面比較，台灣與大陸本土在十九世紀中期以後，就有顯著不同的發展型態，雖然台灣在四十年代到五十年代之間（十九世紀），因洋米大量傾銷中國市場，台灣米遂被取代了，一度造成台灣經濟面臨解體與崩潰的命運（如第三節所述）；但是台灣因具備特殊的條件，在經濟面臨崩潰時，幸好有茶、樟腦、糖業的興起，挽救了經濟崩潰的危機，更重要的成就是：促進了清末台灣的經濟發展，而使清末的台灣在社會經濟的型態上不同於大陸本土。

下列五點是清末台灣異於大陸本土的特殊之處：

（1）由於茶、糖、樟腦業的興起（主要是茶葉、樟腦業）出產大量的農業產品，其中的大部份且都成為商品外銷國際市場。所以，清末的台灣具有相當規模的經濟發展，而其特色是高度的商業性之經濟型態，能夠對新的經濟需求產生極迅速的回應〔註180〕

（2）由於產業發達，貿易也因而非常有利，在輸出入值方面都一直維持良好的出超情況，使台灣每年獲得相當多的外匯，累積成為社會的財富。特產物中的茶與樟腦，在國際市場上具有優越性，如僅限定台灣一島之貿易情況，能夠對抗列強傾銷大量鴉片，而且，輸出額多於輸入額。

（3）清末台灣土地制度及建立在此制度的農村社會結構（農村階級關係），與大陸本土的農村社會結構是不一樣的。目前尚未發掘充分的統計資料來說明這種農村階級關係，但台灣是新開拓之地，尤其是在中北部的新開拓地，與大陸本土的農村及其階級關係自是不同。尚未開拓的沃土，以清末大陸本土農村的破產而流入台灣之農民為主要勢力，從事開拓與耕作，而擴大了新耕地；加上清朝中期以後因小租戶取得土地實權，確立了小租權而造成的小租戶勢力抬頭，換言之，小農經營得以發展或農民逐漸累積相當的財富，使曾經是佃農的農民，有升格為擁有小土地所有權的「小租戶」之可能。在

〔註180〕涂照彥：《日本帝國主義下の台灣》，東京，東京大學出版會，1975年6月
　　　　30日，初版，頁23～28。

　　　　林滿紅：〈日據時代台灣經濟史研究之綜合評價〉，《史學評論》，第1期，中
　　　　華民國68年7月，頁172。

鴉片、洋貨大量輸入,且因土地兼併的衝擊,造成傳統農業社會結構急速瓦解的大陸一般農村,與台灣農村相較之下,兩者的「社會力」在本質上是不一樣的〔註181〕。

(4)台灣的經濟到清末時已經不再以自然經濟為基礎,幾乎所有的農物都以國外或島外的市場做為生產目標而變成商品經濟。根據學者研究結果指出,清末台灣主要的出土物米、糖、樟腦之出口量均接近其產量〔註182〕,以國外或島外市場需要量為生產目標,建立了清末台灣市場取向或貿易取向的經濟型態。

(5)清末台灣的買辦階級,能夠很機巧地獨立而成為商業資本家勢力集團,他們的特點是:與中央權力階層沒有直接的關係,不僅如此,他們善於利用清廷與列強所控制的勢力下的間際,而進出歐美、日本、東南亞、大陸本土等地的市場。以「明瞭國際情勢的商業資本家」來稱呼他們,實在當之無愧〔註183〕。

從以上的五個特點來看(可能還有其他特點),台灣洋務運動時的社會經濟環境的確與大陸本土洋務運動所處之社會、經濟環境有所差異。

台灣洋務運動展開的時間,正是大陸本土洋務運動開始進入官督商辦企業時代的時機,而台灣的地理位置偏離中央政府,在當時洋務派主流派(特別是北洋派)的勢力範圍之外,加上台灣社會經濟特點,從上述條件來看,有關台灣洋務運動的展開,實在不必視為自上強迫下來的結果,事實上,將它視為自下基於推動台灣經濟發展之需要,且以台灣已有相當規模的經濟發展為基礎,在國際情勢緊迫的契機下所導入的洋務運動,或許較為恰當吧〔註184〕。

〔註181〕戴國輝:〈清末台灣の一考察〉,頁273。
〔註182〕林滿紅:前書,頁19,頁45~46。
〔註183〕戴國輝:前文,前書,頁273。
〔註184〕同上。

第二章　洋務運動展開前的基本改革

第一節　行政系統的強化

　　每一種政體的行政系統必須能夠維持秩序和安全，才能達到其統治的目標。一個行政系統必須能控制、審判，並著重意識型態的思想灌輸，同時，在經濟上應該能長久地自給以求生存〔註1〕。1684～1875 年將近二百年的期間，清廷統治台灣之行政系統其行政成效到底如何？「這個問題想獲得圓滿的答案端視我們對行政成效所作的定義而定了。這成效是指清帝國能維持對行政偏遠的台灣之控制而未流落他人之手而言嗎？抑指清廷用極少的經費和人力就能統治台灣呢？抑或是指除了偶而有械鬥、民變以及漢人和土著的流血紛爭外，清廷始終能順利維繫台灣的和平？〔註2〕。對於這個問題，從清代台灣地方行政系統的變遷情形（如表2-1）判斷，在1874年以前的行政系統，其主要目標在於「防止內亂」，「為防台而治台，非理台而治台」〔註3〕。

〔註1〕Ramon H. Myers, "Taiwan under Ching Imperial Rule, 1684 ～ 1895; The Traditional Order", The Journal of the Institute of Chinese Studies of the Univerity of Hong Kong, No.2, vol. IV,（1971）P.495.

〔註2〕Ibid, P.519.

〔註3〕周蔭棠：《台灣郡縣建置志》，上海，正中書局，中華民國34年5月，頁11。

表 2-1　1684～1874 台灣行政組織變遷表

年　代	組織變遷情形	
1684～1722	府 1	台灣府
	縣 3	諸羅、鳳山、台灣
1723～1809	府 1	台灣府
	縣 4	彰化、諸羅、鳳山、台灣
	廳 2	淡水、澎湖
1810～1874	府 1	台灣府
	縣 4	彰化、嘉義、鳳山、台灣
	廳 3	噶瑪蘭、淡水、澎湖

說明：（1）1721 年朱一貴事變後，設立了彰化縣，淡水廳（1723）

　　　　（2）1806 蔡牽事變，1807 朱濆事變擾及蛤仔難，1810 年設置噶瑪蘭廳

資料來源：周憲文，《清代台灣經濟史》（台灣研究叢刊第 45.種）頁 3～5。

這種為「防止內亂」的行政系統，在清末遭受嚴重的打擊；面臨列強的侵略下，這種「以防台而治台」的行政系統，已無法負起對抗列強對台灣的種種侵略活動。日本出兵台灣事件充份顯露這個行政系統的嚴重危機。所以必須強化對台灣的統治，沈葆楨決定了兩項政策，一是巡撫駐台，一是設立台北府。

一、統治權力的強化

　　沈葆楨認為強化台灣的行政系統，主要的策略有以下三種：

　　　　一是台灣建省

　　　　一是朝廷派欽差大臣持節來台

　　　　一是福建巡撫移駐台灣

關於台灣建省，沈葆楨認為：

　　　　嘗綜前山後山之幅員計之，可建郡者三，可建縣者有十數，固非一
　　　　府所能轄。欲別建一省，又苦器局之未成，而閩省向需台米接濟，
　　　　台餉向由省城轉輸，彼此相依，不能分離為二〔註4〕。

此時已有別建一省之義，但沈葆楨認為時機未到，建省條件還不夠充分。關於朝廷派欽差大臣持節來台，亦可主持大局，但是有弊端存在：

────────────

〔註 4〕沈葆楨：《福建台灣奏摺》，台灣銀行經濟研究室編印，台灣文獻叢刊第二十
　　　　九種，「請移駐巡撫摺」（同治十三年 11 月 15 日），頁 3。

> 使臣持節，可暫而不可常。欲責效於崇朝，兵民有五日京兆之見；
>
> 倘逾時而久駐，文武有兩姑為婦之難〔註5〕。

所以沈葆楨選擇折衷辦法，仿「江蘇巡撫駐蘇州之例，移福建巡撫駐台，而後一舉而數善備」〔註6〕。沈葆楨主張巡撫駐台的理由如下：

（1）道、鎮雖有專責，但有事時仍無立斷之權；駐巡撫有事可以立斷。

（2）道、鎮兩種本應相輔，實際上互相掣肘妨礙；駐巡撫則統屬文武，權歸一尊。

（3）道、鎮只有節制人事之權，無遴選與罷陟之權；巡撫駐台，則不待采訪，而耳目能固，罷陟立定。

（4）台兵管制敗壞，煙癮、包娼、庇賭極為嚴重；有巡撫則考察無所瞻徇，訓練乃有實際。

（5）福建地瘠民貧，官吏無可貪污，乃視台地為舞法取盈之處；有巡撫臨之，貪黷之風得漸戢。

（6）官以役吏為爪牙，役吏以民為魚肉，繼則民以官為仇讎，造成官逼民反；有巡撫則能預拔亂本而塞禍源〔註7〕。

可見移駐巡撫是強化台灣統治的根本之策，同時可以積極經營台灣，尤其是在台灣開創洋務，更須要由巡撫主持，沈葆楨說：

> 開煤、煉鐵有第資民力者，有宜參用洋機者；（巡撫）就近察勘，可
>
> 以擇地而興利〔註8〕。

移駐巡撫不但可以強化台灣之統治，又可以積極推行洋務。可是不論強化統治基礎或在台灣進行洋務，其關係更深的是整個洋務運動，沈說：

> 年來洋務日密，偏重在於東南，台灣孤懸海外，七省以為門戶，其
>
> 關係非輕。欲固地險，在得民心，先修吏治、營政；而整頓吏治、
>
> 營政之權，操於督、撫。總督兼轄浙江，移駐不如巡撫之便。……
>
> 而夙夜深思，為台民計、為閩省計、為沿海籌防計，有不得不出於
>
> 此者〔註9〕。

〔註5〕同上。
〔註6〕同上。
〔註7〕同上，頁3～4。
〔註8〕同上，頁4。
〔註9〕同上，頁4～5。

沈葆楨在同治十三年奏請「移駐巡撫」，12月11日朝廷決定交由福建撫建議〔註10〕，當時福建巡撫王凱泰要求先到台灣實地勘察再作適當決定，王凱泰來台勘察後認為：

> 巡撫宜兼顧省、台，若另設一省，呼應不靈，且恐諸多窒礙〔註11〕。

他不但反對台灣另建一省，而且建議巡撫「冬春駐台，夏秋駐省」〔註12〕，結果清廷接受王凱泰之建議，更改了沈葆楨「移駐巡撫」之議，而變成巡撫冬春半年駐台。左宗棠曾經嚴厲批評這項政策，他說：

> ……蓋王凱泰因該地瘴癘時行，故沈葆楨循其意，而改為分駐之意〔註13〕。

巡撫冬春分駐台灣，是否可以強化台灣行政系統，這是一個值得研究的問題，以下先分析台灣建省前，福建巡撫分駐台灣的實情：

光緒元年10月30日起～光緒十九9月11日止福建巡撫渡台分莊情形：

官員姓名	職　務	任　期	駐台期間	資料來源
王凱泰	福建巡撫	同治九年7月22日～光緒元年10月23日（光緒元年10月30日起分駐）	光緒元年5月17日～元年10月11日扶病內渡，23日去世	《清德宗實錄及申報》
丁日昌	福建巡撫	光緒元年11月14日～四年4月初（二年四個月）	光緒二年11月18日抵台，三年3月病假回省調理，不復再出（約三個月）	《清德宗實錄》
吳贊成	船政大臣（暫行接辦台防）署福建巡撫（本職船政大臣）	1. 光緒三年3月25日～四年4月7日 2. 光緒四年4月7日～10月22日（一年六個月）	光緒三年4月25日渡台三年7月24日內渡四年9月1日渡台四年11月15日內渡（五個月）	《吳光祿使閩奏稿選錄》

〔註10〕台灣銀行經濟研究室編印：《清德宗實錄選輯》第一冊，台灣文獻叢刊第一九三種，頁1。
〔註11〕同上，頁76。
〔註12〕同上。
〔註13〕羅正鈞：《左文襄公年譜》，台北，文海出版社影印，中華民國56年，頁868。

裕寬	福建巡撫	光緒四年 10 月 22 日～五年正月 24 日（三個月）	未到任（改調廣東巡撫）	《清德宗實錄》、《清史稿疆臣表》
李明墀	署福建巡撫（本職福建布政使）	光緒四年 10 月 22 日～五年 4 月 30 日（六個月）	未渡台（調升湖南巡撫）	《清德宗實錄》
勒方錡	福建巡撫	光緒五年 4 月 30 日～七年 4 月 8 日（一年十一個月半）	光緒六年 10 月 21 日渡台六年 12 月內渡（一個多月）	《清德宗實錄及申報》、《清光緒朝中日交涉史料》
岑毓英	福建巡撫	光緒七年 4 月 8 日～八年 5 月 7 日（一年一個月十七日）	光緒七年閏七月 13 日渡台 9 月 13 日回省城七年十一月初八渡台八年 3 月 11 日內渡（四個多月）	《岑襄公奏稿》
張兆棟	福建巡撫	光緒八年 5 月 7 日～十年 9 月 11 日（二年四個月）	曾渡台巡閱	《清德宗實錄》

　　從光緒元年 10 月 30 日（1875.11.27）清廷明令福建巡撫冬春駐台起，到光緒十年 9 月 11 日劉銘傳接任福建巡撫為止，共有九年，按冬春分駐的原則，福建巡撫應有四年六個月的時間駐在台灣，可是福建巡撫實際上分駐台灣的時間（張兆棟駐台時間不詳外）只有一年二個月，而且這期間更換七位巡撫，駐台期間又短，當然無法真正強化台灣的行政系統和加強統治力量，也無法推動真正的洋務運動。推究其因，不外有：

　　（1）清末福建巡撫異動特別頻繁，根本無法專精台灣之經營。表 2-2 是光緒元年至光緒十年，各省巡撫異動比較表，其中以福建巡撫和廣西巡撫異動最大，福建巡撫異動過於頻繁，自然影響他們對經營台灣的注意。所以台灣初期洋務運動中，只有官拜欽差大臣（重臣）的沈葆楨，和第一個分駐台灣的巡撫丁日昌成就最大，其他巡撫對台灣洋務運動，可以說沒有任何成就。

　　（2）光緒元年到光緒十年之間，台灣沒有重大的外患事件發生，在缺乏外壓的促進作用下，很難有積極的台灣經營政策。沈葆楨、丁日昌在台灣的積極經營，受到列強侵略台灣的危機意識影響很大，沈葆楨的危機意識如下：

夫以台地向稱饒沃，久為他族所垂涎；今雖外患暫平，旁人仍眈眈相視；未雨綢繆之計，正在斯時〔註14〕。

表2-2　光緒元年──光緒十年，各省巡撫異動比較表

省　稱	歷任巡撫	異動次數
江蘇	吳元炳、黎培敬、衛榮光	3
安徽	裕祿	1
山東	丁寶楨、文裕、周恆祺、任道熔、陳士杰	5
山西	鮑源深、曾國荃、衛光榮、曾國荃、衛光榮、張之洞	6
陝西	邵亨豫、曾國荃（未任）、譚鍾麟、馮國驥、邊寶泉	5
河南	錢鼎銘、李慶翱、涂宗瀛、李鶴年、鹿傳霖	5
福建	王凱泰、丁日昌、吳贊誠、裕寬、李明墀、勒方錡、岑毓英、張兆棟、劉銘傳	9
浙江	楊昌濬、梅啟照、譚鍾麟、陳士杰、任道鎔、劉秉璋	6
江西	劉秉璋、李文敏、潘霨	3
湖北	翁同爵、邵亨豫、潘霨、彭祖賢	4
湖南	王文韶、衛光榮（未任）、邵亨豫、李明墀、徐宗瀛、卞寶策、潘鼎新	7
廣東	張兆棟、裕寬、倪文蔚	3
廣西	劉長佑、嚴樹森、涂宗瀛、楊重雅、張樹聲、慶裕、倪文蔚、徐延旭、潘鼎新	9
雲南	岑毓英、文格、潘鼎新、杜瑞聯、唐炯、張凱嵩	6
貴州	曾璧光、黎培敬、張樹聲、岑毓英、勒方錡、林肇元、張凱嵩、李用清	8

資料來源：新脩清季史三十九表（鼎文書局）

丁日昌對台灣的積極經營，也受外壓之危機意識影響很大：

日本前本弱國，自設輪路、電線、開礦、練兵、製器後，今乃雄踞東方，眈眈虎視；前年窺台南，上年逼琉球不令進貢，今又脅高麗使與通商，彼其志豈須臾忘台灣哉！既已斷我手足，必將犯我腹心〔註15〕。

〔註14〕沈葆楨：前書，頁4。
〔註15〕台灣銀行經濟研究室編印：《清季台灣洋務史料》，台灣文獻叢刊第二七八種，頁12。

－70－

丁日昌以後的巡撫，在缺乏外壓因素的直接刺激下所以此時期台灣洋務難有
長足之進展。

二、統治機構的北建

　　直到沈葆楨渡台之時，台灣行政區域僅為一府，下轄台灣、鳳山、嘉義、
彰化四縣，與淡水、噶瑪蘭兩廳；而且軍政文教重心均集中於南部。沈葆楨
實地觀察後，認為台地「可建郡者三，可建縣者有十數，固非一府所能轄」
〔註16〕。為適應患自外來的新情勢，必須調整舊有的行政區域，例如，牡丹
社事件，日兵「由瑯瑀地方登岸，並無阻問之人」〔註17〕，當時事件發生的
地點，不但沒有海防，就是行政權力也呈真空狀態，日軍便在毫無阻礙之下
登陸，如入無主之地。日軍撤退後，沈葆楨在同治十三年 12 月 23 日奏請瑯
瑀「築城設官，以鎮民番而消窺伺」並請設立恆春縣〔註18〕。

　　北部由於開發較南部為晚，康熙年間，嘉義以北尚未設官；從雍正元
年，設立淡水同知主北路捕務起，至同治十三年間，北部設官管理的詳情
如下：

年　　代	衙門及職	設置地及辦公地	本職及兼職
雍正元年	淡水同知衙門	竹塹	司法、行政、稽查、捕獄
雍正九年	竹塹巡檢衙門	竹塹	稽查捕獄
雍正九年	八里岔巡檢衙門	八里岔	稽查捕獄
乾隆二十三年	新莊巡檢衙門	新莊	稽查捕獄
乾隆五十三年	新莊縣丞衙門	新莊	稽查捕獄
嘉慶十四年	艋舺縣丞衙門	艋舺	稽查捕獄
嘉慶十七年	噶瑪蘭通判衙門	五圍（宜蘭）	司法、征稅、倉庫
嘉慶十七年	頭圍縣丞衙門	頭圍	稽查船舶出入地方
嘉慶十七年	羅東巡檢衙門	五圍	捕獄
嘉慶二十二年	訓導一人	淡水廳	學務

〔註16〕沈葆楨：前書，頁 3。
〔註17〕台灣銀行經濟研究室編印：《同治甲戌日兵侵台始末》，第一冊，台灣文獻叢
　　　　刊第三八種，頁 6。
〔註18〕沈葆楨：前書，頁 23。

嘉慶二十二年	訓導一人	竹塹	學務
嘉慶二十二年	訓導一人	噶瑪蘭廳	學務

〔註19〕

　　1684～1723年無設官管理，1723～1810年淡水廳治時期，1810～1874年為淡水廳，噶瑪蘭廳治時期。1817年後始設置「訓導」官方才開始注意「學務」。由此可見，直到十九世紀七〇年代，台灣北部的發展，政府扮演一直是相當微弱且被動的角色。就行政權力言，（1）1723～1810年的北部台灣，只有三個衙門，即淡水同知衙門、竹塹巡檢衙門及八里岔巡檢衙門，（乾隆三十二年遷至新莊，乾隆五十三年改為縣丞）。（2）1810～1874有六個衙門：淡水同知衙門、竹塹巡檢衙門、艋舺縣丞衙門（嘉慶十四年由新莊縣丞衙門遷來）噶瑪蘭通判衙門、頭圍縣丞衙門、羅東巡檢衙門。1723～1810年的三個衙門，轄有「自大甲溪起，至三貂嶺下之遠望坑止，計地三百四十五里有奇〔註20〕，1880～1874年六個衙門轄有上述之地外，「復以遠望坑迤北而東至蘇澳止，計地一百三十里」〔註21〕，這個「因陋就簡」的行政系統，在「人事隨天時，地利為轉移」的環境下，已「不可復得矣」的狀態〔註22〕：

　　　　一是「其土壤之日闢不同」

　　　　一是「其口岸之歧出不同」

　　　　一是「其民人之生聚不同」〔註23〕。

這三點「不同」，表示了北部的發展，不論在土地的開闢、對外交通、商務、人口成長已形成了新的形勢與狀態，而原有的行政系統無法配合經濟的、社會的成長而造成了控制上的危機，一是「其駕馭之難同」，一是「其政教之難齊」〔註24〕。行政控制危機的問題，台灣道夏獻綸就主張改革，「前者台灣道夏獻綸有改淡水同知為直隸州，改噶瑪蘭為知縣，添一縣於竹塹之請」〔註25〕，旋因牡丹社事件而予擱置。沈葆楨乃本此舊案，但「恐州牧尚不足以當之」，

〔註19〕王金連：〈清代台灣行政組織〉，《台北文物》，第4卷第1期，中華民國44年5月，頁37～50。

〔註20〕沈葆楨：前書，「台灣擬建一府三縣摺」，頁56。

〔註21〕同上。

〔註22〕同上。

〔註23〕同上，頁56～57。

〔註24〕同上，頁57。

〔註25〕同上。

另因蘇澳方面開山撫番、拓地益廣，非有周詳之佈置，恐難經營，「故就今日之台北形勢策之，非區三縣而分治之，則無以專其責成，非設知府以統轄之，則無以契其綱領」〔註26〕。於光緒元年 11 月 20 日（1876.1.16）奏准在艋舺設台北府，並設三縣，其行政區域如下〔註27〕：

淡水縣	中櫪（壢）以上至頭重溪為界，北劃遠望坑為界，南北約一百二十五里
新竹縣	頭重溪以南至彰化界之大甲溪，南北相距一百五十里
宜蘭縣	遠望坑迤北而東，原噶瑪蘭廳之舊治疆域

並改噶瑪蘭通判為台北府分防通判，移駐雞籠。

沈葆楨主張強化台灣的行政系統，其系統圖如下：

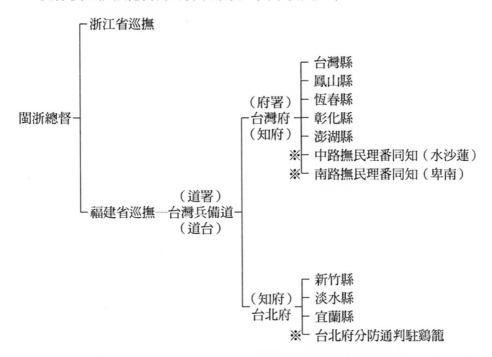

根據林滿紅之研究論文《茶、糖、樟腦業與晚清台灣》指出，「1880 年以前，南部貿易額多於北部，1871 年以前且為北部之兩倍。但由於北部貿易額增加率高於南部，故在 1880 年左右，北部貿易額已趕過南部，1885～1895 年間北部貿易總額反而成為南部之兩倍，台灣是一高度仰賴貿易之經濟體系，由南北貿易地位之逆轉，亦可看出南北經濟地位之逆轉。因此，由經濟觀點

〔註26〕同上，頁 58。
〔註27〕同上，頁 58。

而論，台灣歷史重心北移主要發生在 1860～1895 年這段期間，1880 年為轉捩點〔註28〕。由林的研究，在經濟上的地位，1875 年北部和南部已有相同的重要性，而且就貿易額增加率而言，北部的潛力大於南部，就經濟觀點而論，台灣歷史重心已有逐漸北移的傾向。台灣南北經濟地位在 1870 年呈現移轉型態，但政治上的地位，1875 年以前，卻仍維持 1810 年代的狀態，台灣在清帝統治二百餘年間，一直是偏遠的邊疆地區，所謂「僻處海外」，二百年間政教中心又在南部，因此北部地區就政治地位而論，可以說是邊疆外的邊疆，在「外壓」的國際危機的契機下，加上經濟地位的提高，使台北地區成為台灣的另一個政治中心。

三、吏治的整頓

要討論吏治的問題，就得先探討中國傳統官僚治體（Brueaucracy）的特性。「中國二千年來，即是一君主制，則政治的權原總在君主，政治之主體亦在君主，亦即君主是主權之所寄〔註29〕。古典中國的政治型態，照韋伯（Max Webber，1864～1920）之說是屬於一種「家產的國家體制（Patrimonialism）」〔註30〕。「亦即政府多少是皇室的擴大，官員不啻是君主之僕役，而成為君主私人的依靠者」〔註31〕，所以過去中國靠一龐大的「官僚治體」控制，則不容辯駁，而這個龐大的「官僚治體」則為一群儒吏所壟斷。在「家產的國家體制」下，「中國二千年來的政治，實是以皇帝為中心的官僚系統所獨佔，整個官僚系統並不是與君主平立或對立的，而根本是屬於君主的」〔註32〕，因此「中國以前只有吏治，而無政治」〔註33〕，用政治科學的術語說，即中國過去只有行政，而無政治。

以上面的探討，可以知道官僚系統在中國傳統政治體制下的角色與功能，因而吏治的好壞良窳，換句話說，即是行政系統的有無腐敗現象的問題？如

〔註28〕林滿紅：《茶、糖、樟腦與晚清台灣》，台灣銀行經濟研究室編印：台灣文獻叢刊第一一五種，中華民國 67 年 5 月出版，頁87。

〔註29〕金耀基：《從傳統到現代》，台北，時報文化出版事業有限公司，中華民國 68 年 2 月 28 日，頁 61。

〔註30〕Max Weber, The Religion of China: Confucianism and Taoism（New York: The Free Press, 1968），P. 45.

〔註31〕金耀基：前書，頁 61。

〔註32〕同上，頁 62。

〔註33〕同上。

果「腐敗是指行政機構普遍無能，官吏失去人民的信心，到處是貪污瀆職，社會動盪不安」〔註 34〕。在沒有實證研究以前，尚難斷定清末的行政系統是一個相當腐敗而且衰微的系統。

　　清代台灣的吏治，道光二十八年（1848 年）任台灣道的徐宗幹評論說：「各省吏治之壞，至閩而極，閩省吏治之壞，至台灣而極」〔註 35〕。這是說台灣是全國吏治最壞的地方。雖然台灣吏治最壞，但吏治最壞的另一面意義是清政府在台灣統治權力也是最為薄弱。台灣吏治最壞的因素很多，從歷史上的發展看，十八世紀前期台灣吏治的問題就為皇帝所注意，1721 年朱一貴事變後，康熙帝（1654～1722）就說「朕知此事非爾等本願，必有不得已苦情，……原其致此之罪，俱在不肖官吏」〔註 36〕，為監督台灣的地方官吏，乃「特命漢滿御史各一員，歲巡台灣，察民疾苦」〔註 37〕。十八世紀後期，1786 年林爽文事變，乾隆皇帝（1711～1799）也注意到台海的吏治問題，他說「總因歷任督撫闒冗廢弛，地方官吏竟不可問」，理由是「督府遇有台灣道、府、廳、縣缺，以該處土地豐饒，不問屬員勝任否。每用其私人率請調補，俾得侵漁肥橐，所調各員不以涉險為虞，轉以調美缺為喜。到任之後，貪黷無厭，地方事件唯知將就完結，希圖了事」〔註 38〕。

　　這是十八世紀前期及後期，在台灣發生兩個重要的民變事件，皇帝也察覺造成台灣民變的原因，吏治是很重要的因，亦即吏治之壞，壞到造成民變了。關於十八世紀到十九世紀的一百五十年中，台灣的吏治問題與民變事件的相連性如何，或十九世紀中葉台灣的行政系統的腐敗現象是否比十八世紀更糟，這需要進一步的研究才能有更好的結論。但是十九世紀中葉 1842 年出任台灣道的徐宗幹就指出台灣是全國史治最壞的地方，他說：「官於此者，大概為兩端所誤，一則海外可便宜行事，一則重洋可展宕多

〔註 34〕 Ramon H. Myers, "Taiwan under Ching Imperial Rule, 1684～1895; The Traditional order", OP. cit., P. 519.
〔註 35〕 丁曰健：《治臺必告錄》，台灣銀行經濟研究室編印，台灣文獻叢刊第一七種，頁 15。
〔註 36〕 馬齊等修纂：《大清聖祖仁（康熙）皇帝實錄》，卷 293，康熙六十年六月癸巳，頁 2～3。
〔註 37〕 連雅堂：《台灣通史》，卷 3，經營紀，頁 72（中華民國 62 年 6 月 15 日，古亭書屋影印本）。
〔註 38〕 慶桂等修纂：《大清高宗純（乾隆）實錄》，台北，華文書局影印，中華民國 53 年，卷 1295，頁 8。

時」〔註39〕，他把吏治壞的因素歸於台灣海峽溝通困難，「總之，台地之難，難於孤懸海外，非內地輔車相依可比」〔註40〕。這是對於清代在台官吏的貪污腐敗行為給予合理化的解釋，把吏治壞的根源歸咎於地理環境使然。即台灣孤懸海外，是全國溝通最困難之區，所以造成吏治也是全國最壞的地方。

吏治壞是事實，民變多，所謂「三年一小反，五年一大反」也是事實，史治壞與民變多的關係，到底如何？須要進一步研究才有良好的結論。但是同治年間的金東說：「從來治台者，類皆苟且安常，不知遠慮，視其官如傳舍，以方面為兒戲。幸而地方一日無事，彼即一日龐然民上，處優尊養，貽譏尸素，迨至一旦潰裂，揭竿群起，猶不自愧己之失治所致，輒委曰台民好亂」〔註41〕。

吏治壞與台灣社會動亂有相當的因果關係，但是知識份子和政府官吏，他們為了「推卸政府政令措施的責任」，同時對「台灣動亂係對清廷統治『正統性』的懷疑」不可能見諸文字表明，於是將台灣之動亂「獨歸咎於台民之習俗獷狌，好亂使然」〔註42〕。這是吏官利用醜化百姓的作用，以逃避自己失治的政治責任。醜化百姓的結果，造成了有清一代的「台灣像」為「台灣民俗強悍」，「台、澎民氣素勁」（李鴻章語），「台民好亂」。甲午戰敗後，台、澎割讓給日本，李鴻章上書慈禧太后說「台灣鳥不語，花不香，男無情，女無義，割讓出去並不可惜」〔註43〕，以及中國交割全權委員李經芳（李鴻章義子）對日本樺山說：「本來台灣人的凶惡、剽悍、強暴，不是其他省份的中國人可以比擬」〔註44〕。

吏治壞的結果，形成了上述不良的影響。以下根據實際的史料來分析吏治壞的情形，就官吏如何貪污剝削百姓一項討論。據中央圖書館台灣分館藏《台灣兵備手抄》資料，這《手抄》極可能是同治十一、十二年間林宜華在台

〔註39〕徐宗幹：「與台陽屬吏書」，載丁曰健，前書，卷5，頁352～353。

〔註40〕徐宗幹：《斯未信齋文編》，台灣銀行經濟研究室編印，台灣文獻叢刊第八七種，「請籌議積儲」，頁70。

〔註41〕盛康輯：《皇朝經世文編》，台北，文海出版社影印，卷九一，兵政，「金東：上某兵備論治台書」（同治八年），頁41。

〔註42〕同上。

〔註43〕李鴻章：《李文忠公選集》，台灣銀行經濟研究室編印，台灣文獻叢刊第一三一種，頁21、頁82。

〔註44〕伊能嘉矩：《台灣文化志》，下卷，東京，刀江書院，日本昭和三年，頁931。

灣鎮總兵官任內所用的手冊」〔註45〕。其中「各項規費銀數」、「規費銀數單上載明台灣府、廳、縣、各兵營、各口岸和六屬塩販戶都要對總兵繳納規費」〔註46〕。規費有新任禮銀（總兵到任時一次繳納）及常年規費（有按月、或按季繳納，有三節和二壽辰孝敬，有出巡或閱操時呈獻）。

表 2-3　新任禮金規費

六屬塩販戶	3,000
安平協	500
艋舺營	200
計	3,700

資料來源：《台灣兵備手抄》頁27。（台灣文獻叢刊第222種）。

表 2-4　常年規費

每年三節二壽辰禮：			5,500
協營　　每次	200	1,000	
台灣府　每次	200	1,000	
三廳四縣　每次	100	3,500	
口費：			3,800
艋舺		1,600	
鹿耳門		2,200	
租銀：鎮中營應繳收拷潭九間厝			1,820
莊息：			2,200
繳征收莊息盈餘貼精兵費		2,000	
城守費		200	
賞號：			700
司庫		400	
南北巡		300	
精兵費：（台灣府應繳）			10,000

〔註45〕台灣銀行經濟研究室編印，《台灣兵備手抄》，台灣文獻叢刊第二二二種，頁27。

〔註46〕同上，頁3。

巡規：		4,300
	鳳山	500
	嘉義	1,000（或 800）
	彰化	1,000（或 800）
	淡防廳	1,000
	噶瑪蘭廳	800（或 600）
操練：		3,400
	南路營	300
	下淡水營	200
	嘉義營	500
	北路中營	400
	北路右營	600
	艋舺營	600
	鹿港營	400（或另繳 1,000）
	噶瑪蘭	400
合計：		31,720

資料來源：《台灣兵備手抄》，頁 27～28（台灣文獻叢刊第 222 種）

從以上表 2-3、表 2-4 看，「一個總兵從到任後只要一年，就能平平穩穩的取得新任禮銀和常年規費三萬五千元」。但按「手抄」所載「台灣鎮標中營官兵馬匹俸薪心蔬餉養廉」，總兵一年薪餉養廉如下表〔註47〕：

表 2-5　台灣總兵一年薪餉養廉表

		兩	錢	分	釐	毫		兩	錢	分	釐	毫
俸薪月支	（月支）	17	6	3	1	3	（年支）	211	5	7	5	6
心蔬		25						300				
馬乾		16						192				
養廉		141	6	6	6	6		1699	9	9	9	2
合計	（月支）	200	2	9	7	9	（年支）	2403	5	7	4	8

〔註47〕同上，頁 61。

年收入二四〇三兩五錢七分四釐八毫約合銀圓三、六〇〇元。總兵年薪約三、六〇〇元，但規費年所入三五、〇〇〇元，「而規費所入，卻比薪餉養廉的總數大了十倍」〔註48〕。

「台灣總兵既能向全台各兵營索取規費，而那些中下級軍官的收入很微薄，例如主管一營的游擊，每月的俸餉養廉只有五十八兩六錢多銀子，又怎麼擔得起每年幾百元的規費？結果只得尅扣軍餉、窩賭庇娼，想出種種方法來弄錢。台灣鎮既能向台灣府、廳、縣索取規費，台灣道又何嘗不能向這些直屬機關索取呢？各級地方官原也靠著一分養廉來做辦公費，困難已多，又那裏籌得出成萬成千的規費來？結果『羊毛出在羊身上』，老百姓遭殃，孤懸海外的台灣島上，既蒙一張由文武官員交織而成的貪污網，又焉得不常常發生變亂呢」〔註49〕。

以上的證據是說明清代台灣官吏貪污的情形，而文武官員的貪污的情況是層層剝削的結果形成一張「貪污網」，在這張「貪污網」下，遭殃的是百姓。

沈葆楨渡台後，對這樣的行政系統，也有相當的認識，他說：「就目前之積弊而論，班兵之惰窳也，蠹役之盤踞也，土匪之橫恣也，民俗之惱洶也，海防陸守之俱虛也，械鬥紮厝之迭見也。學術之不明，庠序以客豪猾；禁令之不守，烟賭以為饕殄」〔註50〕。沈葆楨從積弊的存在，更進一步說：「台民遊惰可惡，而實戀直可憐。所以常聞蠢動者，始由官以吏役為爪牙，吏役以民為魚肉，繼則民以官為仇讎。詞訟不清，而械鬥、紮厝之端起；奸宄得志，而豎旗聚眾之勢成」〔註51〕。「官以吏役為爪牙，吏役以民為魚肉」，這是清代台灣文武官員交織而成的貪污網的縱向關係。吏治壞的影響，是「民以官為仇讎」，政府失去了民心。腐敗而又失去民心的行政系統，面臨列強覬覦台灣的外在危機，固然無法應付，而人民普遍對官僚系統的不滿失去信心，這種事實的存在卻有利於外國乘虛而入，藉口侵佔台灣。因此，內在的危機必須化解，以杜外國覬覦。「況年來洋務日密，偏重在於東南，台灣海外孤懸，七省以為門戶，其關係非輕」，所以「欲固地險，在得民心。欲得民心，先修吏治、營政」〔註52〕。

〔註48〕同上，頁3。
〔註49〕同上，頁4～5。
〔註50〕沈葆楨：前書，頁2。
〔註51〕同上，頁4。
〔註52〕同上。

　　沈葆楨在台期間短，又著重於開山撫番的進行，所以把整頓吏治的計劃，寄望在移駐巡撫的身上，企圖建立比較建全的「事權」制度，徹底改革吏治。沈葆楨雖然沒有整頓台灣的吏治，但他明確指出問題發生的根源，及吏治壞造成的不良後果，更主張移駐巡撫，以健全制度，才是整頓吏治的關鍵，因此，就吏治這個問題，沈葆楨只是突破問題的計劃者。

第二節　軍政的改革

　　同治十三年的牡丹社事件，以日本一小國，竟敢侵略中國，中國卻不敢開戰。中國何以不敢開戰呢？文祥說：

> 夫日本東洋一小國耳，新習西洋兵法，僅購鐵甲船二隻，竟敢發端發難，而沈葆楨及沿海疆臣等僉以鐵甲船尚未購妥，不便與之決裂〔註53〕。

事實上，中國並不只是沒有鐵甲船的問題，主要問題在於中國海防的空虛，恭親王慨嘆說：「以一小國之不馴，而備禦已苦無策」〔註54〕，如果西洋列強乘機侵略中國，「而弭救更何所憑」。乃「請飭南北洋大臣，濱海沿江各督府、將軍，詳加籌議」。朝廷命令李鴻章、李宗羲、沈葆楨、都興阿、李鶴年、李瀚章、英翰、張兆棟、文彬、吳元炳、裕祿、楊昌濬、劉坤一、王凱泰、王文韶詳細籌議，就「總理衙門王大臣等原擬練兵、簡器、造船、籌餉、用人，持久各條，逐細籌議辦法」〔註55〕。

　　沈葆楨負責台地善後，為鞏固海疆，必須強化台灣的防務。尤其是東渡的淮軍勁旅，在開山撫番就緒後，不能久駐，自光緒元年六月初旬起，淮軍十三營，均陸續移集鳳山，準備凱撤，至7月21日全部凱撤〔註56〕。而台地綠營「額兵之數不為不多，然七千餘人不得一人之用；竭朝廷之巨帑，炙商旅之陋規，只供迎送飾觀，外此不知所司何事？」〔註57〕，以這樣的軍隊駐防台地，如何鞏固海疆呢？

〔註53〕台灣銀行經濟研究室編印：《同治甲戌日兵侵台始末》第二冊，台灣文獻叢刊第三八種，「同治十三年十月丁酉（28日）大學士文祥奏」，頁201。
〔註54〕同上，「同治十三年丙寅（27日）總理各國事務恭親王等奏」，頁181。
〔註55〕同上，「諭軍機大臣」，頁183。
〔註56〕沈葆楨：前書，「報淮軍全數凱撤摺」（光緒元年7月21日），頁69～72。
〔註57〕同上，「遵旨籌商摺」，頁16。

　　清代兵制有八旗和綠營之分，「定鼎以來，以八旗滿州、蒙古、漢軍屯駐京師；以綠營兵隸督撫提鎮分駐各省。其緊要地方更設立駐防旗營，統以將軍，都統、副都統、城守尉」〔註58〕。其統兵之法，一曰管轄，一曰節制。管轄者隸屬之謂，節制者類似於配屬〔註59〕。就督撫而言，毋論其為管轄或節制，但為綠營，旗兵不與〔註60〕。總督所轄之綠營，稱督標，巡撫所轄之綠營稱撫標，提督所轄之綠營稱提標，鎮總兵所轄之綠營稱鎮標〔註61〕。各省綠營，分標而不相連屬，惟總督節制撫提鎮各標，提督節制鎮標〔註62〕。綠營除督撫提鎮本標外，「復分城守，分防諸營。城守者，即與本標同城而守之兵營也。分防者，即分駐各鎮縣之兵營也」〔註63〕。其官屬督撫提鎮以下，有副將、參將、游擊、都司、守備、千總、把總等，各項兵丁數千百人〔註64〕。下表是清代綠營兵制要圖與1874年時台灣之軍制系統圖：

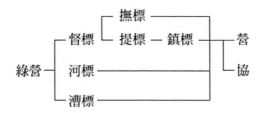

資料來源：蕭一山著：《清代通史》

〔註58〕王先謙修纂：《東華續錄》，道光卷四，頁 4。載十二朝東華錄道光朝，文海出版社，中華民國 52 年 9 月。

〔註59〕傅宗懋：《清代督撫制度》，國立政治大學政治研究所叢刊第四種，中華民國52 年 6 月，頁 98。

〔註60〕同上。

〔註61〕趙爾巽等編修：《清史稿》，民國 16 年，兵志二，卷 131。

〔註62〕蕭一山：《清代通史》（三），台灣商務印書館，中華民國 52 年 2 月台初版，頁 560。

〔註63〕同上，頁 569。

〔註64〕同上。

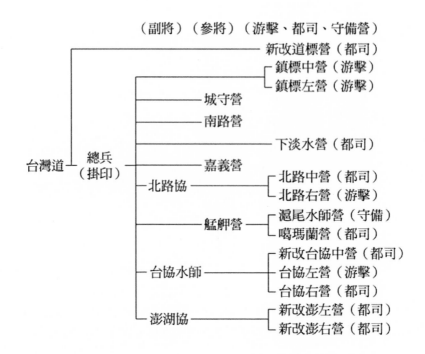

資料來源：連橫：《台灣通史》——軍備志、《台灣兵備手抄》——台澎新章
營制、台澎各營在職員弁名單

各營駐防地與員額情形如下：

營　名	駐防地區	兵　額
道標營	台灣府治	四六一
鎮標中營	台灣府治	四六六
鎮標左營	台灣府治	四三五
城守營	台灣府治　右軍三一三　左軍三七九	
南路營	鳳山	四二〇
下淡水營	下淡水	三三〇
嘉義營	嘉義	六九四
北路協中營	彰化	七五四
北路協右營	竹塹	五三五
艋舺營	艋舺	四三二
滬尾水師營	艋舺	二四〇
噶瑪蘭營	五圍	三八〇
台協中營	安平	三六〇

台協左營	鹿港	三三〇
台協右營	安平	三三〇
澎湖協左營	澎湖	四〇二
澎湖協右營	澎湖	三六〇

〔註65〕

台灣之綠營軍，為三年一換之班兵，其弊病的情形，由前述台灣總兵的一年規費收入是薪俸廉餉的十倍情形可以想見，台灣軍政系統也是一個貪污網，「其積弊之深尤所罕見」，沈葆楨批評台灣綠營班兵如下：

> 汛弁則干豫詞訟，勒索陋規；兵丁則巧避差操，雇名頂替；班兵皆由內地而來，本係各分氣類、偶有睚眥之怨，立即聚眾鬥毆；且營將利弁兵之規費，弁兵恃營將為護符；兵民涉訟，文員移提，無不曲為庇匿；間有文員移營會辦案件，又必多方刁難需索，而匪徒早聞風遠颺矣〔註66〕。

台灣吏治是全國最壞的地方，軍政的積弊也是罕見，清朝在台灣的兩個官吏控制系統都腐敗不堪，「非大加整頓不可」〔註67〕。

一、巡撫統轄軍事

　　清廷於台灣歸入版圖後設置台灣鎮總兵一員，統領台灣軍政，以資控制〔註68〕。康熙二十三年（1684）設台廈兵備道駐府治（半年駐台灣、半年駐廈門），兼理台灣提督學政，按察使司事并分汛水陸〔註69〕。因此台廈兵備道有指揮台灣鎮總兵，處理台灣軍務之權。康熙六十年（1721年），台廈兵備道去「兵備」之職，改稱「台廈道」。雍正五年（1727年），台廈道改為「台灣道」，為專任台灣道台。乾隆五十二年（1787年），台灣道加兵備銜，稱「台灣兵備道」，有指揮台灣鎮總兵，處理台灣軍務之權。同治八年（1869年），「改鎮標右營為道標，專隸台灣道」〔註70〕，台灣道乃有直接管轄之綠營兵。

〔註65〕台灣銀行經濟研究室編印：《台灣兵備手抄》，台灣文獻叢刊第二二二種，「台澎新章營制」，頁10～20。
〔註66〕沈葆楨：前書，「請改台地營制摺」（光緒元年7月初八），頁62～63。
〔註67〕同上。
〔註68〕連雅堂：《台灣通史》，卷十三，軍備志，頁333。（民國62年，古亭影印本）
〔註69〕同上，卷3，經營紀，頁67。
〔註70〕諸家輯：《東華續錄選輯》第二冊，台灣銀行經濟研究室編印，台灣文獻叢刊第二七三種，頁317。

　　但是台灣軍政系統上有一項重大的改變，是在雍正十一年（1733 年），因朱一貴事變的影響，乃議准照山陝沿邊例，詔墾台灣鎮總兵為掛印總兵，給方印，俾加強職權，可直接上奏言事〔註71〕。

　　所以在沈葆楨來台之前，台灣軍事指揮系統如下：

　　　　閩浙總督──福建水師提督──台灣兵備道──總兵（掛印）

巡撫在軍事系統上並無直接指揮總兵之權，因為沈葆楨主張巡撫移駐台灣，以強化台灣的統治力量，同時要求「軍權尤宜歸一」，以達有效的改革台灣軍政、行政。所以沈葆楨主張改變台灣傳統軍事指揮系統，以巡撫為台灣軍政首長，直接指揮總兵，他說：

　　　現既巡撫來台，營伍似應歸統轄。千總以下，即由巡撫考拔；守備

　　　以上，仍會同總督，提督揀選題補。台灣鎮總兵，應請撤去「掛印」

　　　字樣，並歸巡撫節制〔註72〕。

在沈葆楨建議中，有以下三個特點：

　　第一：千總以下之人事權歸巡撫。擴大巡撫之軍事統制權。

　　第二：去總兵掛印字樣，即撤去總兵直接上奏言事之權。

　　第三：巡撫直接節制總兵。

這三個特點，給予台灣巡撫有統轄台灣軍事系統之權，僅守備以上的人事權，仍會同總督，提督揀選題補而已，原來節制台灣軍事系統的是總督──水師提督──分巡台灣道──總兵，巡撫是次要的節制層，現依沈葆楨之建議，節制軍事系統為總督──巡撫──分巡台灣道──總兵，提督乃成為次要的節制層。台灣尚未獨立為一省，軍事指揮大部份歸巡撫，不歸統轄全省兵馬的提督。沈葆楨主張巡撫統轄台灣軍事系統的原因，是因為他認為「文員事權較輕」造成許多積弊，給文員較重事權，藉以改善種種積弊。這個建議後經軍機大臣等會回兵部妥議具奏，認為「沈葆楨等所奏各節係為因時制宜起見，自應准如所請」〔註73〕，上諭：「福建巡撫現在既有駐台之日，其營地營

────────────

〔註71〕王先謙編纂：《東華錄選輯》第二冊，台灣銀行經濟研究室編印，台灣文獻叢刊第二六二種，頁 319～320。

　　　　台灣省文獻委員會編印：《台灣史》，台灣省文獻委員會出版，中華民國 66 年 4 月 30 日，頁 281。

〔註72〕沈葆楨：前書，頁 63。

〔註73〕台灣銀行經濟研究室編印：《清季申報台灣紀事輯錄》，台灣文獻叢刊第二四七種，頁 583。

制並著照所議：該處千總以下，由巡撫考拔；守備以上，仍會同總督揀選題補。台灣鎮總兵撤去『掛印』字樣，歸巡撫節制」〔註74〕。

　　在沈葆楨奏請改善台地營制之前，申報於光緒元年6月27日（1875.7.29）從軍事觀點論「閩撫移鎮台灣」的缺點，認為巡撫移駐台地，「全省袤誕二千餘里設有事故，誰為彈壓？」因巡撫無總督主兵之權，「恐檄調之時，僚屬未免膜視」〔註75〕，或「欲檄調某鎮，某營，亦或咨移提督」〔註76〕，因此，「不如移提督駐剳台灣」〔註77〕。由此可見，沈葆楨主張巡撫駐台，必須有指揮台灣軍事系統之權，即在填補上述之權力系統上的毛病。

二、試圖重編營制

　　沈葆楨東渡來台灣的營制如前表所示，計十七營。當沈氏初到澎湖時，見澎湖班兵，皆疲弱不可用，即奏請「可否將台、澎班兵疲弱者先行撤之歸伍，其曠餉招在地精壯充補以固邊防？」〔註78〕，認為「台澎之用內地班兵……計強內變，非計禦外侮」，為禦外侮計，惟有以所在地精壯為兵源，防務才能得力。但清廷對於以台澎之現地人易班兵的軍政改革，都抱以一貫的苟且看法：

　　　　今若罷止班兵，改為召募，則以台人守台，是以台與台人也〔註79〕。

對沈葆楨因時制宜的建議，乃諭以「招本地籍精壯充補，事平之後，察看情形，再行酌辦」〔註80〕。光緒元年七月，沈葆楨奏請改台地營制時，對於以本地籍為兵源強化防務的看法，已不甚強調，而且說「其兵丁換班固多疲弱，而就地招募亦利弊參半，尚須詳加察看」〔註81〕。

　　沈葆楨對台地營制的改善，已不考慮募兵制，而從清廷指示「酌撤分汛，汰弱練強，合隊合營」的原則〔註82〕，重編兵制。沈說：「臣等體察情形，計無逾於裁汛併練者。蓋分汛裁撤，則驕擅詐擾，不禁自除，併營操練，則汰弱

〔註74〕同上，頁582。
〔註75〕同上，頁545。
〔註76〕同上。
〔註77〕同上。
〔註78〕台灣銀行經濟研究室編印：《同治甲戌日兵侵台始末》，台灣文獻叢刊第三八種，頁29。
〔註79〕連雅堂：《台灣通史》，軍備志，頁338。
〔註80〕台灣銀行經濟研究室編印：《同治甲戌日兵侵台始末》，台灣文獻叢刊第三八種，頁31。
〔註81〕沈葆楨：前書，頁63。
〔註82〕同上，頁62。

強，漸歸有用」〔註83〕。因此，沈葆楨奏請重編台灣兵制，其詳情如下：

> 台地除澎湖兩營外，尚有十五營，擬仿淮、楚軍營歸併，以上五百
> 人為一營，將南、淡、嘉義三營調至府城，合府城三營，安平三營
> 為一支，專顧台、鳳、嘉三縣；其北路協副所轄中、右兩營，合鹿
> 港一營為一支，專顧彰化一帶；艋舺、滬邑、噶瑪蘭三營為一支，
> 專顧淡、蘭一帶〔註84〕。

為配合上述的改變，又有以下的改編：

> 台地延袤一千餘里，處處濱海，皆可登岸，陸防之重尤甚於水；而
> 台城以安平為屏蔽，安平向設台協水師副將一員，所轄三營，中、
> 右兩營都司駐安平，左營游擊駐鹿港，現擬均改為陸路。府城有巡
> 撫董率，且有道員隨同辦事，總兵擬請移紮安平，即將安平協副將
> 裁撤，以鎮標中營游擊隨總兵駐安平；其台協水師中、右兩營都司，
> 改為鎮標陸路左、右兩營都司。原設鎮標左營游擊，改為撫標左營
> 游擊，隨巡撫駐台；其撫標原設兩營仍行駐省，改左營為中營，即
> 以中軍參將領之；原設台協水師左營游擊，改為台灣北路左營游擊，
> 歸北路協副將管轄〔註85〕。

茲將上述兵制重組的系統列表如下：

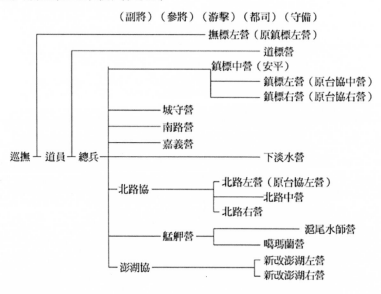

〔註83〕同上，頁63。
〔註84〕同上。
〔註85〕同上，頁63～64。

合營後的兵制如下：

	合　營	營　數	兵　額	防守地區
支南	撫標左營、道標營、下淡水營、鎮標中營、鎮標左營、鎮標右營、城守營、南路營、嘉義營	九營	四、五〇〇	台灣、鳳山、嘉義三縣一帶
支中	北路左營、北路中營、北路右營	三營	一、五〇〇	彰化縣一帶
支北	艋舺營、滬尾水師營、噶瑪蘭營	三營	一、五〇〇	淡水、宜蘭縣一帶

〔註 86〕

沈葆楨改革台灣營制的建議，兵部奏請「應如所請」〔註 87〕，然「廷議以台灣巡撫尚未定設，未可變易營制」〔註 88〕。沈葆楨的重組台灣兵制，並未成功。

第三節　籌措島民政治支持

一、爭取士紳的支持

清代台灣人社會主要由兩個階層所構成，一個是具有威望、財富、和有知識的士紳等少數秀異分子，一個是沒有特權，以農、工、商為主的平民階層。受過教育的士紳階層，可以經由考試制度或政府之需要而被選任官職。不任官職的士紳則從各個層次協助官方的行政任務。此外，他們也是社區的中堅份子，實際處理社區中的事務，諸如提供意見、仲裁爭端、給予經濟上的幫助，或負起領導責任〔註 89〕。張仲禮曾經對於士紳階層在十九世紀的社區中扮演的重要角色有詳細的描述，他也清楚地指出士紳不只擁有地方勢力而且構成一個富有和權威的社會階層〔註 90〕。然而，更重要的是，士紳階層為了獲得其特有之地位而接受一套相同的教育和訓練過程，正是國家所賴以

〔註 86〕營制仿淮楚軍營制，以五百人為一營。總兵擬改駐安平，原安平副將裁撤。又原撫標兩營仍行駐省（福州）。
〔註 87〕台灣銀行經濟研究室編印：《清季申報台灣紀事輯錄》，台灣文獻叢刊第二四七種，頁 594。
〔註 88〕連雅堂：前書，頁 350。
〔註 89〕Ramon H. Myers, "Taiwan under Ching Imperial Rule, 1684 ～ 1895; The Traditional Order", OP. cit., P.507.
〔註 90〕Chung-Li Chang, The Chinese Gentry: Studies on Their Role in Nineteenth-Century Chinese Society:（Seattle: University of Washington Press, 1955）.

培養適當的領導人才和施以適當的思想統治過程。而且，國家更依賴他們去
教化更廣大的群眾，按著適當的方式從事社區生活和活動，這一套製造士紳
的制度於 1684 年首創於台灣，後來成為清廷招募本島官吏和社區領導人才的
主要方式〔註91〕。

士紳階層又可以根據考試、捐官或從軍所獲得官職的種類和等級分為兩
個階層。下表根據張仲禮的分析結果標示出台灣士紳上下兩個階層的不同職
等。

台灣士紳階層

	通過考試者	捐得或從軍者
上層士紳	官　位	官　位
	1. 進士	1. 進士
	2. 舉人	2. 武舉人
	3. 貢生（分五等）	3. 貢生（捐得者）
下層士紳	生　員	武生員
	1. 稟生	
	2. 增生	薦生（捐得者）
	3. 附生	

說明：通過考試者為生員，可以進入書院或縣儒學，並分成三級：稟生最優，由官方
　　　給予津貼，並可參加貢生、舉人和進士之考試，進入上等士紳階層；增生可以
　　　補稟生缺；附生為新入學之生員，經月考後可以成為稟生。〔註92〕

1686 年福建巡撫張仲舉曾奏道：台灣郡縣唯設立學校，但與考人數不及
內地之額〔註93〕。又應考者須渡過福州與試，直到雍正五年（1727 年），閩浙
總督高其倬才准於台南分設試場〔註94〕。1739 年成立考棚公所，鼓勵應考貢
生和舉人。1833 年估計台灣有二千名應考，到 1876 年數目已超過三一〇〇
名〔註95〕。

〔註91〕同註89。
〔註92〕連雅堂：前書，卷十一教育志，頁 310～311。
〔註93〕伊能嘉矩：前書，中卷，頁 16。
〔註94〕同上，頁 136。
〔註95〕伊能嘉矩：前書，中卷，頁 139。

表 2-6 是 1622～1875 年以前，台灣出身的上層士紳大概情形：

表 2-6　1662～1874，台灣出身的上層士紳

時期 ＼ 等級	進士		舉人		貢生	備　註
	文	武	文	武		資料來源：《台灣省通志》是否已經包括所有名額不得而知。
1662～1722	0	6	9	53		
1723～1735	0	0	6	13		
1736～1795	2	2	57	68		
1796～1820	0	1	18	33		
1821～1850	6	1	24	55		
1851～1861	0	0	21	11		
1861～1874	3	0	26	22		
小計	11	10	161	255	697	
合計	1134					

　　1810 年全台的官紳數目不及五千名，而人口將近兩百萬，故只占人口的比率不及 0.5%，遠低於張仲禮對中國大陸的估計數目〔註96〕。

　　由此可見，清廷所依賴士紳去教化更廣大的群眾按著適當的方式從事社區生活和活動的功用，因士紳層極為薄弱，對於這個功能，其影響力也就很有限度了。換言之，傳統士紳階層的作用對 1875 年以前的台灣社會，影響力不是主力。士成為紳後，既是體制的維持者，對清朝統治台灣的基礎有正面的作用，直到台灣事件發生前後的 1875 年由於台灣士紳不是社會的主要控制者，為加強士紳對社會、政治的控制作用，必須擴大士紳階層勢力。要擴大士紳階層的勢力，就得爭取讀書人的支持，惟一的途徑及改善對台的科舉制度，同治十三年用戌科會試，台籍取三名，以往最多只取兩名，就是這一政策的改變，申報發表評論說：

　　　　本科赴試禮闈者，欽定取中三名；固以鼓舞人才，亦以振興人氣。
　　　　誠以士為四民之首，倘使得資觀感，亦可化導愚頑，將莠民共進於
　　　　良民，匪類咸歸夫善類。相支相助，同澤同袍；修我戈矛，厲乃鋒

〔註96〕Ramon H. Myers, "Taiwan under Ching Imperial Rule, 1684 ～ 1895; The Traditional Order", OP. cit., P. 509.

及。去逆效順，共隨節鉞以遄征；敵愾奏功，咸仰軺車之蒞止〔註97〕。
爭取讀書人的支持，最直接的方法就是增加科舉的名額。

因福建巡撫來台，所以沈葆楨奏請「歲科兩試請歸巡撫」主張「所有台
屬考試，似應統歸巡撫主政；否逹事件，亦逕由巡撫辦理」，以昭慎重。另外，
台灣北部沒有考棚，而「淡、蘭文風為全台之冠，乃歲科童試應考時，淡屬
六、七百人，蘭屬四、五百人，而赴道考者不及三分之一」〔註98〕，蓋「淡、
蘭兩屬道阻且長，不特費鉅身勞，每過淫潦為災，不免有望洋而返者」〔註99〕。
應該體恤寒畯，給予北部讀書人應考的方便，以強化士層的支持與對清體制
的認同。所以奏請「於艋舺地方，准其捐建考棚，巡撫於閱兵台北時，順便按
臨考試，益廣朝廷作育之意，以順輿情」〔註100〕。

二、塑造鄭成功的忠臣形像

科舉取士名額的增加，和給予考試方便，是對讀書人的直接利益。但普
遍擁護體制意識形態上的塑造更形重要。為培養一般民眾對清體制的普遍支
持，沈葆楨重新塑造了開台聖王鄭成功忠臣的形像。並藉鄭成功忠臣的形像、
培養台民對清廷的政治支持。

雖然「康熙三十九年聖祖仁皇帝詔曰：朱成功係明室遺臣、非朕之亂臣
賊子，敕遣官護送成功及子經兩柩歸葬南安，置守塚建祠記之」〔註101〕，但
是後來清朝的書籍中，對鄭氏都稱「鄭逆」、「偽鄭」〔註102〕，視為反清體制
的政敵、叛逆，何以沈葆楨要改變鄭成功的叛逆形像，反而重新塑造忠節形
像呢？同治十三年11月25日，據台灣府進士楊士芳時稟稱：

> 明末延平郡王賜姓鄭成功者，福建泉州府南安縣人；少服儒冠，長
> 遭國恤，感時仗節，移孝作忠，顧寰宇難客洛邑之頑民，向滄溟獨
> 闢田橫之別島；奉故主正朔，墾荒裔山川。傳至子孫，納土內屬。
> 維我國家宥過錄忠，載在史寏；厥後陰陽水旱之沴，時聞吁嗟祈禱

〔註97〕台灣銀行經濟研究室編印：《清季申報台灣紀事輯錄》第二冊，台灣文獻叢刊
　　　　第二四七種，頁98。
〔註98〕沈葆楨：前書，頁57。
〔註99〕同上，頁65。
〔註100〕同上。
〔註101〕同上，頁58。
〔註102〕如施琅稱鄭成功為「海逆」等（見施琅：《恭陳台灣棄留疏》，台灣文獻叢刊
　　　　第一三種，頁60）。

　　之聲，肸響所通，神應如答；而民間私祭僅附叢祠，身後易名未邀
　　盛典，望右遙集，眾心缺然〔註103〕。

文中形容鄭成功雖然是反清體制的政治人物，但是就台民而言鄭成功卻廣受
敬拜，「民間私祭僅附叢祠，身後易名未邀盛典，望右遙集，眾心缺然」，可見
在對鄭成功的評價上，官方與民間極為對立。文中有「陰陽水旱之沴，時聞
吁嗟祈禱之聲，肸響所通，神應如答」，顯然係一種政治神話，將鄭成功神格
化了，不過其代表的意義至少隱含了鄭成功是台民政治上普遍認同的對象，
亦即鄭成功在政治上有著某種政治符號的作用。

　　沈葆楨了解鄭成功在台民政治態度上的地位，所以接受了楊士芳等之請
求，很巧妙的利用了上述的「政治神話」，重新塑造鄭成功的形像，他說：

　　臣等伏思鄭成功丁無可如何之厄運，抱得未曾有之孤忠，雖煩盛世
　　之斧斨，足砭千秋之頑儒〔註104〕。

從同情鄭成功之處境中，更加推崇鄭成功的歷史地位，足砭千秋之頑儒。他
建議「追諡」，並於台郡建專祠。

　　沈葆楨重新塑造鄭成功忠的形像，其作用在於：

　　俾台民佑忠義之大可為，雖勝國亦華袞之所必及，於勵風俗，正人
　　心之道，或有裨於萬一〔註105〕。

使台民佑忠義，並藉此正人心之道，其作用亦即透過官方對鄭成功正的評價，
一方面消彌官方與民間的向來對鄭成功不同評價的對立立場，另一方面藉此
收攬民心，「順輿情，以明大義」，其作用莫不著眼於強化島民對清廷的政治
支持。

　　清廷果真如沈葆楨所請，准於台灣府城建立專祠，並追諡「忠節」曰：

　　危身奉上曰忠，

　　難危莫奪曰節。

沈葆楨並自撰一聯，懸於殿柱，文曰：

　　開萬古得未曾有之奇，洪荒留此山川，作遺民世界；

　　極一生無可如何之遇，缺撼還諸天地，是創格完人〔註106〕。

〔註103〕沈葆楨：前書，頁18。

〔註104〕同上。

〔註105〕同上。

〔註106〕賀嗣章：〈沈葆楨治台政績〉，《台灣文獻》，第九卷，第4期，中華民國49
　　　　年12月27日，頁78。

除了重塑鄭成功的形像外，沈葆楨還奏請加封嘉義城隍神，以及對蘇澳海神，安平海神請加封號，並請建義民祠以慰忠魂，沈葆楨並為義民祠親書一聯曰：

　　　　石井滿腔血，瀛台寸草春〔註107〕。

這些都是與強化島民認同清體制有關的措施。

第四節　統治權的東伸──開山撫番

　　1874年前後，台灣東部發生了主權危機的問題，列強認為台灣東部不隸中國版圖。這個危機當然刺激了清廷洋務官僚開始注意經營台灣。或謂此危機之問題性質是中國傳統天朝的國家觀（世界主義國家觀），與以武力為後盾之西方主權國家觀之間的衝突〔註108〕。在中國傳統的天朝國家觀下，中國對邊區少數民族一向採取逐漸同化的政策，亦即當土番在自願歸附的情形下，才視其為臣民。這種缺乏殖民主義積極同化政策之作法，也同樣反應在台灣土番政策上。清廷對台灣土番，一向採取消極的同化政策，甚至曾經採取漢番分界政策，所以清朝治台之前二百餘年中，台灣生番居住的山區一直保持權力的真空狀態。

　　十九世紀中期起，殖民主義歐美列強，藉著傳教與商業的活動，以武力為後盾下在遠東地區找尋殖民地，他們發現了最好的目標，位居遠東航線上，島上又缺乏有效的政治控制之台灣島，特別是台灣東部生番住區，是政治勢力的真空地帶，於是他們根據西方國際法無主權領土之先佔領原則，乃爭相擬訂佔領台灣之計劃〔註109〕。

　　牡丹社事件雖然是東洋國家之日本侵略台灣的事件，但其中所蘊含的侵略主義，乃日本在實行開國政策後，緊跟著西人的步伐，在「富國強兵」下進行「侵伐霸道」，他們（日本）很快的活用西洋國家主權學說，認為台灣東部缺乏有效的行政力量，進而肯定台灣東部不隸屬中國版圖，最後出兵台灣，在先佔領原則下，企圖佔有台灣東部〔註110〕。

〔註107〕同上。

〔註108〕Sophia, Su-fei Yen, Taiwan in China's Foreign Relations 1836～1874（Hamden, Connecticut, The Shoe String Press INC, 1965）, P.290～295.

〔註109〕先佔領原則（Occupation），是一個國家，在一片無主的地域上，樹立其管轄權之謂（見彭明敏著《國際公法》，中華民國50年1月，頁225）。

〔註110〕參閱本論文第一章第三節第二項。

但這個事件的爭議性質被認為：

> 1874 年中國與日本台灣生番問題之爭議，實際上乃中國傳統世界主義理論，與方為日本接受不久之西方國際法中界定極為嚴謹的國家概念，兩者之間的對抗與競爭〔註111〕。

此論點顯然排除侵略主義的成份〔註112〕。然而就事實而論，台灣東部缺乏有效的政治控制，呈現政治權力的真空狀態是問題所在。牡丹社事件雖然確定了台灣東部主權屬於中國，但是在十九世紀中後期的國際環境中，列強常藉機使用武力逼迫中國訂立不平等條約甚至要求中國割讓領土的危機下，如何有效的經營台灣東部，杜絕列強覬覦，是清末台灣推行洋務運動的主要原因之一。

為了使中國政治權力進了台灣東部，沈葆楨開創了開山撫番的政策。他說：

> 台地自去年倭人啟釁，外假復仇，內圖佔地，狡謀已露，逆燄方張，不得已而有撫番、開山之舉〔註113〕。

況且開山撫番除了確保台灣東部領土外，更關係了全盤洋務運動，沈說：

> 人第知今日開山之為撫番，固不知今日撫番之實以海防也。人第知預籌防海之關係繫台灣安危，而不知預籌防海之關繫南、北洋全局〔註114〕。

沈又說：

> 以台地閩左藩屏，七省門戶，天氣和暖，年穀易成；後山一帶，我不盡收版圖，彼必陰謀侵佔。……後山一去，前山何可復守！台地，皆中土之藩籬也；藩籬既撤，則蛇蝎之毒，將由背脅而入我腹心〔註115〕。

沈葆楨更舉中國失去澳門後患無窮之例，說：「夫澳門片土，自明臣林富割居西人以為苟且之謀，遂貽今日無窮之患；此轍何堪再蹈」〔註116〕。在這種外壓逼迫的背景之下，沈葆楨改變了傳統的台灣統治政策，開創了積極的帶有武力征服性質之殖民政策──開山撫番。

〔註111〕Sophia, Su-fei Yen, op. cit., P. 302.

〔註112〕請參閱梁華璜：〈甲午戰爭前日本併吞台灣的醞釀及其動機〉，《台灣文獻》，第 26 卷，第 2 期，中華民國 64 年 6 月 27 日出版，頁 103～104。

〔註113〕羅大春：《台灣海防並開山日記》，台灣銀行經濟研究室編印，台灣文獻叢刊第三〇八種，頁 58。

〔註114〕同上，頁 59。

〔註115〕同上，頁 60。

〔註116〕同上。

　　沈葆楨在開山撫番之前,將台灣山地分成「官未開而民已先開者」、「番已開而民未開者」、「民未開而番亦未開者」三種〔註117〕。他亦將台灣生番歸為三類,一是「牡丹等社,恃其悍暴劫殺為生,瞀不畏死;若是者,曰凶番」,一是「卑南、埔裏一帶,居近漢民,略通人性;若是者,曰良番」,一是「台北斗史等社,雕題剺面,向不外通,屯聚無常,種落難悉,獵人如獸,雖社番亦懼之;若是者,曰『王』字兇番」〔註118〕。從以上的分類中,可明白開山與撫番的工作必須並舉進行,才能達到在台灣東部建立統治力量的目的。

　　　　夫務開山而不撫番,則開山無從下手,欲撫番而不先開山,則撫番

　　　　仍屬空談〔註119〕。

沈葆楨開山的步驟是:「屯兵衛、刊林木、焚草萊、通水道、定壤則、招墾戶、給牛種、立村堡、設隘碉、致工商、設官吏、建城郭、設郵驛、置廨署」〔註120〕。開山的方法是武裝(屯兵衛)殖民(招墾戶)政策,最終目的是建立統治單位(設官吏)。撫番的方法是「選土目、查番戶、定番業、通語言、禁仇殺、教耕稼、修導塗、給茶鹽、易冠服、設番學、變風格」〔註121〕。因為「有土地而無人民,則其地終非吾有」〔註122〕,所以開山後必須移民,沈葆楨先在台灣西部地區招集墾戶,但應者則寥寥無幾,「蓋台灣地廣人稀,山前一帶雖經番息百有餘年,戶口尚未充牣」〔註123〕,因此須向大陸招墾;但是舊例中有許多規定,限制大陸人民來台。

舊例:

	民之處分	官之處分
1. 偷渡船隻	船戶等治罪	文官武官議處治罪
2. 充作客頭引誘偷渡	為首充軍,從者仗一百,徒三年,偷渡者仗八十,遞回原籍。	文武失察,分別議處。
3. 內地商人置貸過台	原籍給照,不及回籍,由廈防廳查明取保給照。	該廳濫給,降三級調用。

〔註117〕沈葆楨:前書,頁1～2。
〔註118〕同上,頁2。
〔註119〕同上。
〔註120〕同上。
〔註121〕同上。
〔註122〕羅大春:前書,頁62。
〔註123〕沈葆楨:前書,頁12。

4. 沿海村鎮引誘客戶過台超過三十人以上者。	壯者新疆為奴，老者煙瘴充軍。	
5. 內地人民往台	須由地方官給照盤驗出口	濫給者，分別次數罰俸降調。
6. 無照人民過台	（同偷渡）	失察口岸官照人數分別降調，隱匿者革職。〔註124〕

「近雖文法稍馳，而開禁未有明文」〔註125〕，因為「開山不先招墾，則路雖通仍塞，欲招墾不先開禁，則民裹足而不前」〔註126〕。另一方面，舊例中官方也嚴禁人民私入番界〔註127〕。如下表所列之舊例不開禁，也阻礙人民入山開墾。

禁止入番界	民之處分	官之處分
1. 民人私入番境	杖一百	
2. 番處抽藤、釣鹿、伐木、採稷	杖一百徒三年	
3. 有偷越運貨		失察之專管官降調，該管上司罰俸一年。
4. 民與番結親（禁止）	離異、治罪、前已娶者，禁止來番社，違治罪	地方官參處〔註128〕

於是沈葆楨奏請「將一切舊禁盡與開豁，以廣招徠」。光緒元年正月初十日（1875年2月15日）奉旨正式廢弛內地人民入台耕墾例禁〔註129〕。1858年的天津條約對外國人開放了台灣（通商傳教），1875年才對內地人開放（耕墾），這是台灣史上一件大事〔註130〕。於是在廈門汕頭香港各設招墾局，往台者免費乘船，官與口糧及耕牛農具、種籽（每人田一甲，每十人耕牛四頭，農具四副）。這種官方主動給予方便，鼓勵人民前來移墾，非僅是清代台灣開發史上的創舉，即在中國本土上亦不多見〔註131〕。

〔註124〕同上，《台地後山請開舊禁摺》（同治十三年12月初五），頁12。

〔註125〕同上。

〔註126〕同上。

〔註127〕同上，頁13。

〔註128〕同上。

〔註129〕郭廷以：《甲午戰前的台灣經營──沈葆楨、丁日昌與劉銘傳──》，大陸雜誌史學叢書，第一輯第七冊，頁153。

〔註130〕同上。

〔註131〕李國祁：〈清季台灣的政治近代化──開山撫番與番（1875～1894）〉，《中華文化復興月刊》，第8卷，第12期，中華民國64年12月，頁6。

開山撫番自同治十三年（1874）9月起，分三路進行：

（1）南路：由海防同知袁聞柝負責，督兵三營，分為二支，一支自鳳山縣赤山至山後卑南，袁氏自行率領，計開山路一百七十五里。（袁染病後，由後補通判飽復康接領）。另一支自射藔至卑南，由總兵張其光率領，計開山路二百一十四里〔註 132〕。

（2）北路：先後由台灣道夏獻綸，提督羅大春負責（著有《台灣海防並開山日記》一書。該書成為研究台灣北部近代化最重要的資料），督兵十三營，自宜蘭縣蘇澳至山後奇萊（即今蘇花公路線），計開山路二〇五里〔註 133〕。

（3）中路：歸總兵吳光亮主持，光緒元年（1875）正月由林圯埔（今竹山）而往東進行，至山後璞石閣（今太魯閣），計開山路二五六里〔註 134〕。三路開路工程均於光緒元年十月間（1875 年 11 月）完成，計一年間在台開路八五九里〔註 135〕。依照規定，平路以橫寬一丈為準，山蹊以六尺為準，沿途設碉堡，派屯營哨（各路分布之勇約三十營）。安撫良番，平服凶番方面，估計所撫番社在二百三十社以上，如下〔註 136〕：

沈葆楨開山撫番所撫之番社

七家蟹社	大坪頂社	斗史麻達簡社
七腳川社	大坵田社	斗史麼哥社
七結仔社	大南澳社	斗史實紀律社
九宛社	大鳥萬社	斗武達社
千仔帛社	大貓貍社	斗難社
千仔律社	小麻里社	木瓜社（五社）
大吧籠社（20社）	小豬毛社	水裏社

〔註 132〕沈葆楨：前書，「南北路開山並擬布置琅璚旂後各情形摺」（同治十三年 12 月初一），頁 5～9。
連雅堂：前書，卷十五，撫墾志，頁 509。

〔註 133〕沈葆楨：前書，「北路中路情形片」（光緒元年 5 月 23 日），頁 48～49，「請獎剿番開山出力人員摺」（光緒元年 9 月 28 日），頁 77～78。
連雅堂：前書，頁 509。

〔註 134〕沈葆楨：前書，「南北開山並擬布琅璚旂後各情形摺」，頁 5～9。
連雅堂：前書，頁 509。

〔註 135〕李國祁：前文，頁 6。

〔註 136〕沈葆楨開山撫番所撫番社資料來源，筆者根據沈葆楨奏摺及羅大春著《台灣海防並開山日記》作成。

大水窟社	中心崙社	加禮宛社
大甘仔力社	中絞社	加至萊社
大甘仔密社	內埔社	加魯魯望社
大石巖社	斗史社	北力力社（五社）
平埔社	西潭底社	社寮社
扒不坑社	吧媽二社	金仔社
	扶里烟社	阿栽米息社
永仕社（內外獅頭社更名）	牡丹社（十八社）	阿養益社
永平社（竹坑社更名）	豆蘭社	南仔腳社
永安社（草山社更名）	周武濫社	南片社
永福社（木武社更名）	周勝束社	南勢社
攸沙社	拔磘社	南董的社
竹仔林社	林杞埔社	茅埔社
竹社	武腰社	風水嶺社
老輝社	武暖社	射不力社
老鴉石社	武黎社	射麻哩社
根老邪社	符吻社	飽士社
脂屘屘社	陳阿修社	審鹿社
蛟蜂社	頂城社	蔓東埔社
馬達安社（四社）	俾仔角社	談仔秉社
高士佛社	集一鋪社	龜仔角社
崙頂社	媽仔後社	龜仔籠藕
崩武社	媽梨也社	龜紋社
麻哩吧社	新也烟社	龜紋社（十八社）
得其黎社	廖興社	薄之社
桶後社	爾乃社	薄薄社
率芒社	瑤歌社	謝阿閣社
理劉社	網索社	鯽鯉潭社
蘇澳社		
麟樂社		
諸也葛社		
內社		

哥老輝社		
查撫 水裏　　等三三九社 審鹿		

　　沈葆楨的開山撫番政策，或多或少含有武裝殖民的意味，非僅開路的工作由軍隊擔任，即日後的開墾，亦是以武力為保護〔註137〕，在開山的過程中，以平定獅頭社番變為武裝殖民政策中最具體的顯現——「易撫為剿」〔註138〕。沈葆楨說：

> 伏思曩奉撫番之命，以獅頭社之變，易撫為剿，實出於萬不得已，幸天威所震，頑族歸誠，敢不仰體生成，使之同託帲幪之下，准狂獷之性，初就範圍，不能不堅明約束，俾先受我羈靮，後乃可徐與漸摩〔註139〕。

為建立有效的治權，鞏固海疆，萬不得已方實施武裝殖民政策，尤其易撫為剿的武裝征服政策，「若非震以天威，不特內患迭乘，外侮且因而狎至」〔註140〕，基於台灣內部的安定與防範外患藉機侵台，必須使生番「先受我羈靮」，然後漸漸加以撫化，以「俾為我用」。

　　開山撫番後為加強有效的控制與經營，沈葆楨在瑯璚築城設官，設立恆春縣，改噶瑪蘭廳為宜蘭縣〔註141〕，這兩處行政單位成為控制南北經營台灣南北番地的中心。除改變以上兩個行政單位外，又將台灣的兩路理蕃同知（南路駐紮府城，北路駐紮鹿港）移入山區，直接控制山地，改革從前「鞭長莫及」而缺乏有效統治的弊病，南路同知移紮卑南（今台東），稱「台灣南路撫民理番同知」，北路同知改為中路，移紮水沙連，稱「台灣中路撫民理番同知」〔註142〕。其中移南路撫民理番同知於卑南，如此中國行政力量擴充至台東，正由此開始，噶瑪蘭廳改宜蘭（台灣東北部），瑯璚設恆春縣（台灣南部），南部撫民理番同知駐卑南（台灣東南部），中部撫民理番同知駐水沙連（台灣中部山區），這四個行政單位的建立與強化，是針對台灣東部缺乏有效的行政

〔註137〕李國祁：前文，頁6。
〔註138〕沈葆楨：前書，「商辦獅頭社番摺」（光緒元年2月17日），頁27。
〔註139〕同上，「番社就撫布置情形摺」（光緒元年5月23日），頁48。
〔註140〕同上，「商辦獅頭社番摺」（光緒元年2月17日），頁27。
〔註141〕同上，「台北擬建一府三縣摺」（光緒元年6月18日），頁58。
〔註142〕同上，「請改駐南北路同知片」（光緒元年6月18日），頁60。

權力的一種對應策。雖然沈葆楨的開山撫番工作並沒有完全成功，但他至少改變了台灣的統治形態，確定了台灣東部是中國的領域，從這一點而論，清末來台之洋務官僚對台灣的貢獻是很大。

第三章　台灣初期洋務運動的展開

第一節　沈葆楨時代

　　台灣洋務運動的開創，到底起於何時呢？如果把主張用機器開採台灣煤礦為台灣洋務運動的創始，則為同治十一年 4 月（1872）江南機器局委員馮焌光等議請招商購用機器開採台灣等處煤礦，以為養船之用〔註1〕。但通常以沈葆楨主張在閩台間架設水陸電線為始。但關於沈葆楨提案架設閩台間水陸電線的時間，以同治十三年（1874）5 月初一日為最可靠〔註2〕，但也有出現同治十年（1871），同治十二年（1873）的記載〔註3〕，後兩者的日期在沒有其他文獻佐證前，估且假定是編纂者，或刻版者之誤。

〔註 1〕黃嘉謨：《甲午戰前之台灣煤務》，中央研究院近代史研究專刊，南海，中央研究院近代史研究所出版，中華民國 55 年 5 月初版，頁 98，頁 266。

中央研究院近代史研究所編：《海防檔丙》，機械局，「江南機器局禀」，頁 98〜100。

孫毓棠：《中國近代史工業史資料第一輯》下冊，文海出版社印行，「英領事商務報告」，1872 年分（頁 203〜204），淡水）頁 582：福建當局苦於洋煤太貴，迫不得已，據說已在嚴肅考慮想要使用機器進行採煤了。

〔註 2〕台灣銀行經濟研究室編印：《同治甲戌日兵侵台始末》，台灣文獻叢刊第三八種，「同治十三年五月壬寅（初一）福州將軍文煜、閩浙總督兼福建巡撫李鶴年、總理船政前江西巡撫沈葆楨奏」，頁 18。

〔註 3〕《洋務運動》，第六冊，頁 325，時間為同治十二年（轉引自戴國煇：〈清末台灣の一考察〉，頁 293）。

劉銘傳：《劉壯肅公奏議》，台灣銀行經濟研究室編印，台灣文獻叢刊第二七種，「購辦水陸電線摺」（光緒十二年 8 月 28 日），頁 256：時間為同治十年。

　　馮焌光等商議以機器開採台灣煤礦的背景，是因為洋煤太貴，迫不得已考慮購買西洋機器採煤，提高煤的產量，減少對洋煤的依賴，由於是項建議以「船政輪船的事為其著眼點，而煤炭事項都屬於附帶陳議的性質，其未能發生直接而有效的作用，也許是勢所必然」〔註4〕，雖然「福建當局已在嚴肅考慮想要使用機器進行採煤」〔註5〕，但是，由於客觀的情勢，只著眼於船政的需要，開煤只是附帶性質，很難以台灣煤礦為主而在台灣推動洋務運動。

　　牡丹社事件發生地點雖然在遠離清中央政府所在地的台灣南端，但是事件的危機卻擴大到中央政府，甚至造成中國全面戒備的狀態。由於牡丹社事件對中國的衝擊很大，因而改變了清廷統治台灣的傳統政策，換以積極的政策經營台灣，最重要的政策就是在台灣推行洋務運動。台灣洋務運動的開創，最先是沈葆楨主張架設閩台電線，沈渡台後，根據實地勘察，認為台灣可以開採洋務運動製造槍砲或船艦所需要的原料鐵和燃料煤，即

　　　　開煤，鍊鐵有第資民力者，有宜參用洋機者，就近察勘，可以擇地

　　而興利〔註6〕。

運動的推行在時間上比本土晚了十多年。在這一多年中（1861～1874），中國已有了下列的洋務經營成果。

（1）清政府經營的近代軍用工業如表 3-1：

表 3-1　清政府經營的近代軍用工業簡表　1861～1874 年

局　廠	所在地	設立年	創辦人	情　　況	經　　費
安慶內軍械所	安慶	1861	曾國藩	規模很小，以手工製造為主。造子彈火藥、炸礮等；造過一隻小汽機輪船。	不詳。
上海洋礮局	上海	1862	李鴻章	規模很小，以手工製造為主。英人馬格里主持。造子彈、火藥。翌年遷到蘇州。	不詳。
蘇州洋礮局	蘇州	1863	李鴻章	比上二者稍大，始用西洋機器，係自上海移至蘇州。造子彈、火藥。1865 年移至金陵	以蘇滬軍用款開支，在蘇州共約一年，經費支出 110,657 兩。

〔註 4〕黃嘉謨：前書，頁 101。
〔註 5〕孫毓棠：前書，頁 582。
〔註 6〕沈葆楨：前書，頁 4。

江南製造局	上海	1865	曾國藩 李鴻章	清政府所辦規模最大的軍用工業。造輪船、鎗礮、水雷、子彈、火藥與機器。有鍊鋼廠。	最初創辦經費約543,000兩。1867～1873年共支出2,900,000兩。1874～1894年每年經費自330,000～79,000兩不等。
金陵製造局	南京	1865	李鴻章	比江南製造局小，比各省機器製造局大些。1865年蘇州洋礮局移至南京，成為金陵製造局的基礎。造鎗、礮、子彈、火藥，1881年添建金陵製造洋大藥局。	創辦經費不詳。當年經費自1879年以降，每年約110,000兩。1884年以降，新建金陵洋火藥局，每年經費52,000兩。
福州船政局	福州	1866	左宗棠	清政府所辦最大的輪船修造廠。造輪船。	創辦經費470,000兩。常年經費每年自480,000至600,000兩不等，但欠解甚多。
天津機器局	天津	1867	崇厚 李鴻章	規模僅次於江南製造局。造鎗、砲、子彈、火藥、水雷。有鍊銅廠。	創辦經費約220,000兩。常年經費自1870年以降，每年自130,000至420,000兩不等。
西安機器局	西安	1869	左宗棠	規模很小，係臨時性。造子彈、火藥。1872年遷至蘭州。	不詳。
福建機器局	福州	1869	英桂	規模很小。造子彈、火藥。時開時停，1885年以後略擴充。	不詳。
蘭州機器局	蘭州	1872	左宗棠	規模較小。造鎗、子彈、火藥。1880年停閉。	不詳。自甘肅關內外辦理款項內開支。
雲南機器局	昆明	1872（？）	岑毓英（？）	規模較小，後停辦，1885年再建。造礮、子彈、火藥。	不詳。
廣州機器局	廣州	1874	瑞麟 劉坤一	初辦時規模較小，主要造小輪船。後來逐漸擴充。包括自英商購買的黃埔船塢。1885年後能造子彈、火藥、水雷。	創辦經費約170,000兩。常年經費不詳。

資料來源：孫毓棠，近國近代工業史資料第一輯，頁565～566。

（2）1872～1874 年民族資本經營的近代民生工業又如表 3-2：

表 3-2　民族資本經營的近代工業

設立年	企　業	所在地	創辦人	情　　況
1872	繼昌隆繅絲廠	廣東南海	陳啟沅	資本不詳。僱傭 2 人約六七百人。至 1874 年，又有其它資本家創辦的四個絲廠成立。
1872	廣州印刷局	廣州	？	不詳。疑規模較小。
1873	昭文新報館	漢口	艾小梅	日報，後改為五日報，不久即停刊。
1874	匯報（後改為彙報、益報）	上海	容閎唐廷樞	資本 10,000 兩。使用手搖印刷機為與上海申報競爭而創辦。1875 年停業。

資料來源：孫毓棠，近國近代工業史資料第一輯，頁 1166。

上面列表的洋務經營外，另外，還有派遣留學生，1872～1875 年，派遣至美國的留學生有一二○人，並成立的洋學堂：

　　　　北京——同文館，上海——廣方言館，廣州——同文館，金陵——

　　　　同文館，馬尾——求是堂藝局〔註7〕。

到 1874 年為止的中國洋務經營，主要是以近代軍事工業為主，而近代民生工業方才萌芽，但是外國投資經營的近代民生工業為數已經可觀，約有五○個公司以上，其中以英國居多數〔註8〕。以上係 1874 年以前中國洋務經營的大概情形，從以上的描述中可以了解沈葆楨在台開創洋務經營時，中國已有了這些洋務經營的經驗。以下就電線的架設、煤礦的經營論沈葆楨如何開創台灣的第一步近代化。

一、提案架設電線

　　咸豐八年（1858），中國與英法簽定天津條約，議定英法得派使駐京，為了迅速傳遞信息，電線的設立成為列強爭取的目標。咸豐十年（1860）法專使噶羅（Baron Grose）簽定中法北京條約後與恭親王奕訢議及電線通信，並「曾許寄送別樣一份」。但是「迨送到之日，恭親王以為無用相却」〔註9〕。

〔註7〕王文杰：〈十九世紀中國之自強運動（1862～95）〉，《福建文化》，福建協和大學中國文化研究會，第 3 卷，第 2 期，中華民國 36 年 12 月，頁 16。

〔註8〕孫毓棠：前書，頁 324～327。

〔註9〕中央研究院近代史研究所編：《海防檔丁電線》（以下簡稱電線檔），第 29 號文，頁 31。

同治元年（1862）俄國要求，如中國允許外國在中國境內設線，「必須先准俄國以為始」〔註10〕。同治二年，英國駐華公使卜魯士（Frederick W. Bruce 1814～1867）要求在中國架線〔註11〕，英國也隨之要求設線，同治八年（1869年），英、美、法、布、瑞、西、意、日、丹、俄、荷等十一國領事官會函，照會上海道通商大臣馬新貽意謂：「上海口岸，中外船隻往來眾多，海面雖闊，淺處甚多，且水道曲狹，是以船隻常遭沉溺之危，設早有通報之信，或可得救……，若電線一成，上海商民立可得信息」〔註12〕。

　　但中國對設立電線的反應，因受戰爭的影響，幾乎全部採取反對的態度，例如同治四年三月（1865、4），江西巡撫沈葆楨函稱「查外洋之輪捷於中國之郵遞，一切公事，已形掣肘，若再聽任其設立電線，則千里之遙，晌息可通，更難保不於新聞紙中造謠言，以駭視聽」〔註13〕，同年6月11日，江蘇巡撫李鴻章函稱：

　　　　銅線鐵路斷不可行之中國〔註14〕。

洋務官僚們害怕准許外國設立電線，將使列強如虎添翼，更易於侵略中國。但是洋務官僚也知道以電線傳遞消息，有許多好處，同治四年（1865），李鴻章給總署函中說「銅線費錢不多，匯信極速」又說「中國人亦或仿照外洋機巧，但立銅線，改英語為漢語，改英字為字。學習即熟，傳播自遠，應較驛遞尤速」〔註15〕，同治九年（1870）七月，船政大臣沈葆楨奏請「聞電線之設，洋人持議甚堅。如能禁使弗為，則多一事不如省一事。倘勢難中止，不如我自為之。予以辛工，責以教照，彼分其利，而我握其權，庶於海疆無所窒礙」〔註16〕。

　　從列強一再要求設立電線，而中國開始反對設立，已發展成「倘勢難中止，不如我自為之」的階段。

　　同治十三年的牡丹社事件，是中國對設立電線問題的一個分界點。同治十三年（1874）前，中國人對電線的通信，一直採取抗拒態度，同治十三年

〔註10〕電線檔，第1號文，頁1。
〔註11〕同上，第3、4號文，頁3～4。
〔註12〕同上，第57、58號文暨附件，頁73～77。
〔註13〕同上，頁10。
〔註14〕同上，頁23。
〔註15〕同上，頁8。
〔註16〕同上，頁95。

以後，情形大為改變，促使這種變動的主因，實由於日軍犯台。沈葆楨為「欽差辦理台灣等處海防兼理各國事務大臣」，他於會籌台灣大概情形摺內，奏請：

> 台洋之險，甲諸海疆。從前文報，恆累月不通，有輪船後，乃按月可達。然至颶風大作時，雖輪船亦為所阻。欲消息常通，斷不可無電線。計由福州陸路至廈門，由廈門水路至台灣，水路之費較多，陸路之費較省，合之不及造一輪船之貲，瞬息可通，事至不虞倉卒矣〔註17〕。

這個奏議，隨著日軍犯台，推動了台灣的洋務運動。清廷對架設閩台水陸電線，批示「所請設電線以通消息，亦著沈葆楨等迅速辦理」〔註18〕。於是沈葆楨同上海大東北公司議明價值，並且粗定合同，其合同中估價情形有三：

> 一由福州至淡水之白沙墩，再由台灣府至澎湖，議價二十四萬一千五百餘元，一由台灣徑至廈門，議價十七萬六千八百餘元；一由安平至澎湖，再由澎湖至廈門，議價洋二十一萬二千九百餘元。……其估價合成銀數計之須十五萬三千兩百餘兩，且所議頭等電線近岸只八噸重者八十五里，其餘皆一噸三分四重〔註19〕。

這個提案，雖經沈葆楨奏准，並經批示「迅速辦理」，但因「沈葆楨調任兩江，議遂中止」〔註20〕。

中國因屢受西洋請求設線的困擾，為避免引起國際糾紛對第一條電線架設的原則，採取中國自行架設之原則。「因辦理台灣緊要事件，是以自福州至閩江口設立電線，專為往來便捷，均由中國官為經理，一切費用亦由中國官發給」〔註21〕。沈葆楨創議架設閩台電線開創了台灣洋務運動的先聲，此項提議雖沒有在其巡台期間付之實現，但日後洋務官僚架設台灣電線，完全係承襲沈葆楨的計劃。

〔註17〕《同治甲戌日兵侵台始末》（台銀本），頁18。
〔註18〕同上，頁20。
〔註19〕楊家駱主編；《洋務運動文獻彙編》，第六冊，台北，世界書局，中華民國52年7月，頁379。
〔註20〕同上，頁378。
〔註21〕電線檔：頁123。

二、經營基隆煤礦

　　1874 年以前的洋務經營中，槍砲、輪船是洋務運動的主要項目，製造槍砲的兵工廠越多，輪船的數目越增加，需要更多的煤炭做為能源，和更多的鐵做為原料。所以，洋務運動的經營，與能源、原料的開採是同樣重要的。但是在能源與原料的開採和經營上，似乎並未與近代軍事工業的成長相配合，就以同治十三年牡丹社事件為界，1874 年以前中國尚未有近代的採礦業（指以採煤機器採礦）。李鴻章於 1874 年託英商菴特生（James Henderson）赴英訂購採煤機器，價值約一三〇、〇〇〇兩，欲開磁州煤鐵礦。1875 年奏准開採。嗣因當地人民反對，機器又不合用，事遂中止〔註 22〕。

　　1875 年，盛宣懷創辦湖北廣濟興國煤礦，以土法開採煤窯四十餘座，並聘英國礦師郭師敦等勘探湖北各地煤礦，開採失敗（1879 年改為商辦，移至荊門開挖，稱荊門煤礦）〔註 23〕。以上之直隸磁州煤鐵礦和湖北廣濟興國煤礦是近代中國最先企圖以西洋機器、洋礦師採礦的試驗，但並未成功。

　　台灣的煤礦「遠在明天啟至崇禎（西元 1621～1644）年間，甚至在天啟年代以前，台灣已經開採煤炭，進而成為對外貿易的貨品〔註 24〕，崇禎末年，荷蘭人於攻略台灣北部後，即積極獎勵當地人民採煤炭，期以增進貿易〔註 25〕，並供鍊鐵的燃料〔註 26〕，經過明鄭時代的未予注意，歸清後到乾隆年間開始禁採煤礦，歷經三朝，道光十五年（1835）又立碑重申禁令，禁止民間私行開採〔註 27〕。鴉片戰爭後（1842）後，台灣的煤礦成為列強覬覦的目標，英、美覬覦尤甚。

表 3-3 是鴉片戰爭後至牡丹社事件間，台灣基隆煤礦年表：

表 3-4 是 1867～1873 從淡水出口煤量值表：

表 3-3　台灣基隆煤礦年表

道光二十二年（1842）	南京條約簽訂，中國被迫開廣州、廈門、福州、寧波、上海五口通商。

〔註 22〕孫毓棠：前書，1170。

〔註 23〕同上。

〔註 24〕黃嘉謨：前書，頁 1。

〔註 25〕同上。

〔註 26〕同上。

〔註 27〕同上，頁 3～4。

道光二十六年（1846）	自是年以後，英國船艦時常到基隆一帶海面游弋。
道光三十年（1850）	英國公使向閩浙總督要求開挖基隆煤礦，未准。
咸豐四年（1854）	美國軍艦二艘到達基隆勘察煤礦情況及基隆港口。
咸豐八年（1858）	天津條約簽訂，中國被迫又開淡水等口通商。
同治二年（1863）	淡水正式開港，嗣後外國船舶多往基隆買煤。
同治三年（1864）	福州稅務司美理登請許多外國人租賃基隆煤礦採挖，未准。
同治五年（1866）	英國公使阿禮國向閩浙總督要求開採澎湖的煤礦，未准。
同治七年（1868）	中英修約交涉，英美要求開挖各地煤礦，包括基隆。總理衙門答應由中國自己試採句容、樂平、基隆三地煤礦。中英新約後來施行。是年福州船政局命外國礦師勘察基隆煤礦。
同治九年（1870）	閩浙總督英桂命台灣道勘察基隆煤窰情況。
同治十一年（1872）	福州船政局赴基隆強買土煤，開始籌劃用機器開採。

資料來源：孫毓棠，中國近代工業史資料第一輯（下），頁612。

表3-4　台灣淡水煤歷年出口量值表 1867～1873　單位：量：噸值：海關兩

年代	運往國外		運往香港		運往國內各口岸		總出口量	
	量	值	量	值	量	值	量	值
1867	676.30	1,591	—	—	12,178.98	28,631	12,855.28	30,222
1868	3,351.62	7,886	—	—	22,030.49	51,570	25,382.11	59,722
1869	62.94	127	—	—	14,661.88	29,570	14,724.82	29,697
1870	178.50	270	—	—	7,375.38	11,157	7,553.88	11,427
1871	—	—	1,197.40	2,340	17,466.16	33,024	18,663.56	35,364
1872	—	—	5,478.67	10,539	34,736.60	69,186	40,215.27	79,725
1873	1,569.17	3,747	11,132.23	23,499	32,457.00	77,100	45,158.99	105,006

資料來源：孫毓棠，中國近代工業史資料第一輯（下），頁611。

直到 1873 年，台灣煤礦一直是人民私自開採。台灣煤礦的議由官採，自福州船廠設立後（1866），雖然早已成為閩台官方一再考慮的問題，但由於此事牽涉多方，遲遲仍未見諸行動。直至同治十三年（1874），日本藉口進兵台灣番界的舉動，又再度引起清廷內外官員對於台灣煤礦的重視，而以西洋機器官採煤礦的擬議，也隨而日漸趨明朗化〔註28〕。湖廣總督李瀚章、江西

〔註28〕同上，頁 104～105。

巡撫劉坤一、山東巡撫丁寶楨、山東後補同知直隸州薛福成主張以西洋機器開礦〔註29〕。而北洋大臣李鴻章、南洋大臣李宗羲以及前任江西巡撫丁日昌更特別主張開挖台灣煤礦〔註30〕。但直接決定開採台灣煤礦的原則的人就是沈葆楨。他說：「開煤、鍊鐵有第資民力者，有宜參用洋機者，就近察勘，可以擇地而興利」，以下就土煤出口減稅案和以機械採礦探討沈葆楨的台灣官辦基隆煤礦。

（一）土煤出口減稅

　　沈葆楨認為經營台灣煤礦，首先必需解決的是台灣煤出口稅不合理的問題。原因是當時的通商稅則規定土煤出口須繳納重稅，而洋煤進口之輸入稅卻極其輕微，在這種不合理的限制下，洋煤充斥了中國市場，而土煤產量雖然豐富，因價格昂貴而發生嚴重的滯銷問題，當時的通商稅則情形如下：

> 外國煤進口，每噸稅銀五分，土煤出口每百觔稅銀四分，合一噸計
>
> 之，應稅銀六錢七分二釐〔註31〕。

而事實上土煤的稅負不只是每噸銀六錢七分二釐，「若加復進口半稅，已合每噸銀一兩有奇」〔註32〕，因而台灣土煤出口的稅負實際是每噸稅銀一兩，而洋煤輸入中國，只要繳納每噸稅銀五分，其間盈絀懸殊達二十倍〔註33〕。在這種稅制上不合理的限制下，洋煤以有利的姿態，大量湧進中國市場，結果洋務運動所需要主要燃料的煤礦，便大部份依賴洋煤了。

> 台灣產煤雖豐，各省船礮等局用煤日增，然多購自外國，且有購自
>
> 日本者，致中國開採不旺，而利暗奪於外人〔註34〕。

洋務運動在技術器械上固然依賴西洋進口與合作，然而因推動洋務所需要的煤礦，也仰賴西洋進口，甚至日本也向中國輸出煤礦，無形中增加了中國洋務運動在成本上的負擔，難怪沈葆楨慨嘆中國之利暗奪於外人。

〔註29〕同上，頁104～113。

〔註30〕丁日昌：「海防條議」，見葛士濬輯：《皇朝經世文續編》，台北，國風出版社，中華民國53年6月，卷101，頁11～16。

〔註31〕《洋務運動文獻彙編》，第七冊，「總理各國事務奕訢等奏」（同治十三年8月26日），頁67～68。

〔註32〕葛士濬輯：《皇朝經世文續編》，台北，國風出版社，中華民國53年6月初版，卷115，頁1070（根據光緒十四年6月版影印）。

〔註33〕同註31。

〔註34〕同上。

　　為解決這種不合理的限制，沈葆楨乃於同治十三年 12 月初五（1875 年 1 月 12 日）上奏「台煤減稅片」：

> 台煤雖富，年來開採仍不甚旺；其所以不旺之故，則由於滯銷。西洋產煤，金山最夥；從前肬板船隻皆繞金山而來，貨物而外以煤壓載；煤佳而價平，此固非台煤所能敵。自埃及紅海開通以後，洋船無須繞過金山，金山之煤遂稀，其價亦日昂。而台煤仍不暢銷者，以東洋之煤成本較輕，獨擅其利故也。今欲分東洋之利，必將台煤減稅以廣招徠。……今擬請將出口台煤，每噸減為稅銀一錢〔註35〕。

沈葆楨奏請土煤出口減稅，一方面固然是解決上述稅制上不合理的制度，使台灣煤礦有機會和洋煤競爭，搶回中國大陸洋務運動所需的煤市場，使煤之利益歸向中國。另一方面是想要和日本煤競爭，企圖賺取外匯。然而我們進一步探討另一個問題，即土煤出口稅負為洋煤的二十倍，就洋煤而論，當然要繼續擁有其特權的地位，把持中國煤市場的利益，可是台煤減稅案，洋人卻積極推動，理由安在呢？

　　「近擬開台礦，與淡水稅務司好博遜籌商，該司亦以減稅為請」〔註36〕，又根據關冊 1874 年淡水部份記載：「……台煤減稅問題，總部業已竭力推動」〔註37〕，此處「總部係指海關稅務司署。按沈葆楨奏請台煤出口減稅，係由淡水稅務司好博遜所慫恿，總理衙門同意，係因總稅務司赫德（Robert Hart）在竭力推動〔註38〕。他們的慫恿與推動，主要是為了在沿海沿江航行的外國輪船打算〔註39〕。沈葆楨也明白的說：

> 台煤無關民間日用，而為洋船所必需，是以減稅惠商；南北洋各口均不得援以為例〔註40〕。

可見台煤出口減稅對洋船極為有利，所以洋人從中慫恿與推動。如果南北洋各口均採取煤出口減稅政策，洋人未必樂意推動，從特別規定台煤減稅南北洋各口均不得援以為例可以預料得知的〔註41〕。

〔註35〕沈葆楨：前書，「台煤減稅片」（同治十三年 12 月初五），頁 14。

〔註36〕同註 31。

〔註37〕孫毓棠：前書，「關冊，1874 年分（頁 125），淡水」，頁 583。

〔註38〕同上。

〔註39〕同上。

〔註40〕沈葆楨：前書，頁 14。

〔註41〕光緒七年，李鴻章曾要求開平煤礦出口稅援台煤減稅往例，而上奏「開平煤出口稅擬請援案減定片」（光緒七年），見葛士濬輯，《皇朝經世文續編》，卷

（二）官辦西式煤廠

牡丹社事件後，清廷對於煤礦的開採極為積極，而且主張借用外國人的機器與技術，光緒元年 4 月 26 日清廷下諭李鴻章和沈葆楨負責試辦磁州煤礦和台灣煤礦，在經營煤礦上「有需用外國人之處，亦當權自我操，勿任彼族攙越」〔註 42〕，因為中國從沒有以機器開採煤礦的經驗，非得請外國礦師指導不可，但又怕洋人操縱中國煤礦，所以對於由外國人指導的西式煤礦，清廷要求經營人員必須以「權自我操」為最高原則。

沈葆楨雖於光緒元年 4 月 26 日被任命為兩江總督，但對台灣煤礦的經營仍然非常注意與關心，在同年 5 月 23 日上奏「台灣議購開煤機器片」，詳細報告台灣煤務將以西法開採的情形，該片中指出台灣煤礦由委員何思綺、李彤恩負責，並聘請英籍洋礦師翟薩（David Tyzack）探查基隆一帶煤礦，基於洋礦師翟薩勘查後提出的報告，認為必須購買「洋製鑿山銅鑽全副」，並僱用鑽洋工二名〔註 43〕。

1875 年底翟薩回英國洽運機器，同時擬僱用外國採礦工匠二十人〔註 44〕，1876 年 5 月已有四人到達台灣，並帶來鑽探機器，所備的機器足夠鑿井、採煤、抽水、提車以及通風、截木之用，不久（6 月 7 日）即用這些機器在選定的八斗礦地開始鑽探〔註 45〕。翟薩和其餘的人帶著其他機器，都已於 9 月中旬前抵達〔註 46〕，9 月 7 日開始築輕便鐵軌，12 月 5 日鐵軌已修到井口，計自海岸到井口共長二、三四六碼。鑿井工作在 10 月 11 日開始，到 12 月 31 日，煤井已達一○一呎深，並預定 1877 年 4 月鑿深到二七一呎，煤井預計將挖深至三百呎〔註 47〕。

台灣官營西式煤廠的開創，至此可謂已進入正規，較諸同時奉准試辦的磁州煤鐵開採而進行遲緩的情形，也可說是搶先了一步〔註 48〕。負責推動

115，商務三。從這個案例，即可明白洋人積極推動台煤減稅案，不是為中國利益著想，而是基於本身利益為出發點。

〔註 42〕世續等修纂：《大清德宗景（光緒）皇帝實錄》，台北，文華書局影印，中華民國 53 年，卷 8，頁 8～10。

〔註 43〕沈葆楨：前書，「台北議購開煤機器片」（光緒元年 6 月 18 日），頁 59～60。

〔註 44〕孫毓棠：前書，頁 585。

〔註 45〕同上，頁 586。

〔註 46〕同上，頁 586～587。

〔註 47〕同上。

〔註 48〕黃嘉謨：前書，頁 12。

台灣官辦西式煤廠的沈葆楨，早在光緒元年 7 月下旬，內渡就任兩江總督
〔註 49〕，因此所有台灣設廠採煤的工作，嗣後便由福建巡撫王凱泰負責督
率辦理，但王凱泰在光緒元年 5 月 17 日渡台，同年 10 月 11 日便已抱病內
渡，且在 10 月 23 日不治身故〔註 50〕。同年 11 月，清廷發表以接任船政大
臣甫經月餘的丁日昌補授福建巡撫，丁氏便成為官辦台煤的負責人。丁日
昌乃推薦船政局總監工程布政使銜廣東題奏道葉文瀾，並經李鴻章、沈葆
楨的同意，負責辦台灣煤礦的開採〔註 51〕。

第二節　丁日昌時代

　　同治七年，丁氏任江蘇巡撫時向曾國藩建議「海洋水師章程」時，即擬
以台灣為建置南洋海防之中心〔註 52〕。同治十三年條議海防，丁氏不僅倡議
在台灣駐泊鐵甲船，以為東南海防之樞紐，且擬計劃經營，希望使台地利寶
日開，生聚日盛，將來建立行省〔註 53〕。是年秋，丁氏接任船政大臣。至冬，
閩撫王凱泰病逝，丁氏旋又接任福建巡撫。當此時，不論是李鴻章、沈葆楨
或恭親王等，於台灣經營，均對日昌寄以殷望。

　　丁日昌按光緒元年 10 月 30 日諭旨規定閩撫冬春駐台，夏秋駐省，於光緒
二年 11 月，離閩渡台，至光緒三年 4 月，以健康欠佳，返回福州。在台期間他
曾巡視台灣北路，由基隆歷後山，然後折返艋舺，再行南下，歷竹塹、彰化、
嘉義等處，至台灣府城。繼續勘察南路，達於恆春，並巡視澎湖。所歷路程，
多向來大吏所未到。丁日昌於行政系統的改革上，多承沈葆楨之計劃，有改革
吏治，改革財稅制度，後山政策的加強，軍事系統的改革〔註 54〕。惟在強化行
政系統上，丁氏主張派遣大臣長任督辦，俟有成效，方可徐議督撫分駐之局。

〔註 49〕吳元炳輯：《沈文肅公政書》，台北，文海出版社，（據光緒庚辰仲冬吳門節署
　　　　刊本影印），卷 4，頁 75～76。
〔註 50〕同上，卷 6，頁 3～5。
〔註 51〕台灣銀行經濟研究室編印：《清季台灣洋務史料》，台灣文獻叢刊第二七八種，
　　　　「閩浙總督文煜等奏請專派葉文瀾駐台督辦煤廠等件並察看硫礦磺油樟腦
　　　　茶葉各情形設法開採摺」（光緒二年 8 月 24 日），頁 4～7。
〔註 52〕呂實強：《丁日昌與自強運動》，中央研究院近代史研究所專刊（30），南港，
　　　　中央研究院近代史研究所出版，中華民國 61 年 12 月初版，頁 195，頁 283。
〔註 53〕同上，頁 283。
　　　　丁日昌所擬「海洋水師章程六條」，見《同治甲戌日本侵台始末》，頁 186～189。
〔註 54〕請參閱呂實強：前書，第六章第四節台灣經營（上），頁 282～296。

一、開發礦業

（一）經營煤礦

丁氏經營台灣煤礦的原則，主張「需有人徹始徹終，認真經理，方能日起有功」，未渡台即先會銜李鴻章、沈葆楨等提拔船政局總監工程之布政使銜廣東題奏道葉文瀾，「駐台督辦煤廠等件，以專責成」〔註55〕。渡台後，第一件事即為視察雞籠八斗新開煤井〔註56〕。當時基隆煤廠機器開採的情形為，裝有日產百噸的機械，直徑十二‧五呎，鑿坑深二九五呎，在二七〇呎深可以採掘三呎五吋半厚的主碳層（好煤），年初日產三〇～四〇噸。第二年（1877）裝置蓋博式之通風機（Guibal fan），挖掘直徑八呎六吋，深八八呎的新坑，可以達到每天出產二〇〇噸〔註57〕。據外人技師言，煤炭為良質碳，該坑的可能產量在二〇萬噸以上〔註58〕。據洋匠翟薩云，此煤成色甚與外國上等洋煤相垺，間有煤油湧出，其質堅亮且輕，能耐久燒，並少灰土，洵稱好煤」〔註59〕。

機器開採大量生產，每日預計二〇〇噸，這些煤除船政局用外，丁日昌又計算煤的成本與香港的煤價，認為煤的輸出將是一大利源，「以成本計之，每噸約在壹圓三角左右，運至香港，則每噸可值五、六圓。計每噸可得餘利三、四圓」〔註60〕，按每日生產二〇〇噸，即可獲利六〇〇——八〇〇圓，一個月可獲利一八、〇〇〇——二四、〇〇〇圓，年可獲利二一六、〇〇〇——二八八、〇〇〇圓。再加上「該處民礦，若用官價一律由官買回自辦，以斷葛藤，收山中之煤無盡，即公家之利無窮」〔註61〕。為了公家之利，乃禁止民間開採，「台灣淡水廳官吏已將中國民間所開之煤礦十二所盡行封閉」，

〔註55〕清季台灣洋務史料，「閩浙總督文煜等奏專派葉文瀾駐台督辦煤廠等件並察看硫磺礦油樟腦茶葉各情形設法開採摺」（光緒二年8月24日），頁4～6。
〔註56〕國立故宮博物院輯：《道咸同光四朝奏議（七）》，丁日昌：「親勘台灣北路後山大略情形疏」，台北，台灣商務印書館影印，中華民國59年6月，頁314。
〔註57〕Davidson, J. W., "The Island of Formosa: Past and Present （New York 1903），P.481.
　　　　蔡啟恒譯：《台灣之過去與現在》，台灣銀行經濟研究室編印，台灣文獻叢刊第一〇七種，中華民國61年，頁334。
〔註58〕同上。
〔註59〕孫毓棠：前揭書，頁587。
〔註60〕《道咸同光四朝奏議（八）》，丁日昌：「請開辦輪路礦物疏」，頁3169。
〔註61〕同上。

「由於當局強迫土法開採的煤窯封閉，以便用機器進行鑿井，1887 年出口量比 1873 年減低 35%」〔註62〕。

在丁日昌的煤礦經營中，有以下的問題可供討論：

第一：官辦企業之問題：雖然台灣洋務運動的推行，是在本土洋務運動的第二期官督商辦的時代，但近代採礦業的興起，是在同治十三年以後，況且「兵事與礦事相為表裏」，中國近代採礦業的開頭，也就以官辦的企業型態出現。但由於「官辦煤礦的行政很腐敗，每個高級官員都可以派個私人的「代表」在礦場任職。……十分慘苦的挖煤手、木工、鐵工，與小工的工資已低到使這些官員們沒有多少中飽的餘地，而其它支出又不經他們的手。可是，他們還是想盡方法找機會搜刮，其結果是覓僱礦工發生不可解決的困難」〔註63〕。而「煤礦的督辦是個商人，他的頭銜是道台，他自己在廈門經營著很大的買賣，每年他在廈門要呆很長的日子。他既不在礦廠，他的代辦便也告了假，代理的人也走開了，結果礦廠長期沒有個負責人」〔註64〕。台灣官煤局的經營，大體上可分為開採煤礦與業務經理部門，業務經營範圍，由煤務局負責，但煤務局的行政部門卻有上述的腐敗現象，雖然如葉文瀾的資歷，「自創辦船政以來，總監工程已逾十載，堅任勞怨，公爾忘私」，「該道精明勤奮，沈毅有為」〔註65〕，而福建巡撫丁日昌暨台灣道雖曾先後巡視基隆煤礦，撤換管理人員，仍乏效果，最後也造成「礦廠長期沒有個負責人」。

第二：注重機器採煤，缺乏運煤計劃：官辦煤礦近代採礦業的推動者，只注意到以西洋機器採煤，但缺乏運煤的計劃，「機器開採的礦在開採前，沒有計劃如何把井口的煤運走，結果是大量採出的煤堆積在路邊——它妨礙開採，有燃燒的危險，政府損失很大」〔註66〕。「若不使用蒸汽機，這礦便永不會夠本，若不設法把井口的煤及時運往基隆，從井裏掘煤便絲毫無用了」〔註67〕，光緒四年（1878），台灣道雖曾計劃改用上海拆運到台灣的鐵路材料，由八斗煤礦至雞籠間建築鐵道，預定四個月內完工，以便疏運煤炭，終

〔註62〕孫毓棠：前書，頁587。
〔註63〕同上，頁589。
〔註64〕同上。
〔註65〕《清季台灣洋務史料》，頁6。
〔註66〕孫毓棠：前書，頁585。
〔註67〕同上。

竟遷延未成事實〔註68〕。

第三：封閉民營煤礦問題：丁日昌根據生產煤的成本，每噸煤生產成本是一圓三角左右，運至香港後每噸可值五、六圓，計每噸可得餘利三、四圓，為了擴大官營煤礦的利潤，乃禁止民間私採，在官營尚未繁旺之，就封閉民煤，於民、於官都是很大的損失。

（二）開採石油

丁日昌於光緒二年8月提拔葉文瀾駐台督辦煤廠時，即令葉察看台灣的石油情形，並設法開採〔註69〕。丁日昌對開採台灣的石油具有濃厚的興趣，他說：

> 礦油產於淡南之牛琢山石罅中，與泉水並流而下，初每日湧出四、五十斤。同治元年，即有華商、英商爭贌之事。……據洋人云：此油若用機器疏通，日可得萬斤。然無徵不信，必先有熟悉其事者購小機器、僱洋工，開鑽試驗〔註70〕。

根據調查結果，淡水地區的確出產石油，其情形如下：

> 土人盛以木桶，另由桶底開竅放水，水盡則全為油，其色黃綠，與洋油相埒。井之左右有十餘窟，亦有油浮水面。其附近四五里，有小沼數處，望之則似沸湯，即之仍為冷水，引以火則烈焰飛騰，勢難撲滅。詢之土人，云該處現在自出之油，日不過百十斤，而洋人前曾有云，此油若有機器開鑽，日可得百擔左右〔註71〕。

於是丁日昌命令葉文瀾先行購買小機器一副，並僱一熟悉洋匠前來鑽試開辦〔註72〕。丁日昌提倡開採石油礦的事，不斷地在他的奏摺中出現，無疑地他在台灣推動了大陸洋務運動從來沒有過的石油開採。

除了闢採淡水地區的石油外，在苗栗地區也進行了一次石油的試探開採。據1877年關冊記載：「距後壠約三哩的貓裏社地方，也將要用西洋方法鑽採，那裏發現石油」〔註73〕，後壠地區石油開採情形如下所述。

〔註68〕林樂知口譯，蔡錫齡筆述：《西國近事彙編》，光緒四年4月15日至21日，西報彙譯，頁32～34。

〔註69〕同註55。

〔註70〕《清季台灣洋務史料》，頁5。

〔註71〕同上，「福建巡撫丁日昌奏報台灣煤務、硫磺、煤油情形片」（光緒三年3月25日），頁28。

〔註72〕同上。

〔註73〕孫毓棠：前書，頁594。

　　在唐景星的主持下，聘來了兩個美國技師，並且購買了一些機器，準備在上述地點鑽探〔註74〕，開採的油井在一個山坡上，而附近的土地太軟，以致經常塌下，剛剛做好的工作轉眼就作廢了〔註75〕。

　　開採的第一步是架起起重機。架好之後，立刻就把周圍的泥土搬走，直到現出堅固的岩石為止。第二步是鑽通這個岩石，然後插入一根管子，並用一把大木斧儘可能深入地把管子打下去。然後放進一只七‧五英吋的鋼鑽，於是就在管子裏面進行鑽動。大約在二十英尺以下就遇到淡水，再往下一六〇英尺就得到塩水，水經堵住後，繼續再鑽入一〇〇英呎時，又遇到水。在深達三八〇英呎之處找到了水和油。鑽到三九四英呎時，由於大量泥土陷入，需要過多的工作，鑽探便停止了。在達到上述最後深度時，油井已裝好油管並開始泵油工作了。每天出油量約為十五擔。因此，在泵了一個短時期以後，便撤除了油管，並在另外一個地方開始鑽採，這第二次鑽採的結果很不好；那些器件已經被棄置地上，似乎很可能，在這個開採計劃再度有人接手以前，機件將一直擺在那裏〔註76〕。

　　在接觸到石油之前，油井的工作已經進行了一個月，獲得的石油一共約為四〇〇擔。其中一〇〇擔已就地賣給榨蔗戶作糖棚照明之用，其餘三〇〇擔存放在後壙。這兩個美國人於去年11月5日回國，同月21日，這個油礦的主管官吏也隨著遠去廈門，整個計劃隨而陷入停頓狀態〔註77〕。

　　石油的開採雖然沒有任何成果，但是就台灣洋務運動而言，卻有重大的意義。就清末洋務運動而言，開採台灣石油並不一定有重大的作用，因為就當時的中國工業水準而言，煤是主要的能源，即使開採出來的石油很多，頂多也是做為照明之用，但是從石油的開採事實，足以說明清末洋務官僚，在台灣推行洋務，除了以台灣做為洋務試驗區之外，還希望在台灣開發大量資源，補足洋務運動的所需的能源，減低事事依賴外國的程度，其中含有深刻之「富國強本」意識。

〔註74〕同上。

〔註75〕同上，頁595。

〔註76〕同上，頁595～596。

〔註77〕同上。

　　　　黃嘉謨：《美國與台灣》，中央研究院近代史研究所專刊，南港，中央研究院近代史研究所，中華民國68年11月2版，頁328～335。

又台灣石油的開採，洋人比洋務官僚更為積極。上述洋技師便是來自美國賓夕凡尼亞州（Pennsylvania）的兩位技師〔註78〕。另外英國對台灣的石油興趣更濃，英國人在上海發行的北華捷報（The North China Herald），曾經刊出專文，介紹台灣後壠地方的油礦情形〔註79〕。當時淡水關稅務司李華德（Walter Lay），曾經建議把開採石油事業，交由海關主持經營〔註80〕。

（三）開採硫磺

硫磺是火藥的原料，近代軍事工業興起後，硫磺成為很重要的礦產，丁日昌非常注意台灣的傳統名產物——硫磺，並且打算以供給本土各省洋務運動之需要為目標。

> 硫磺產於淡北、北投山、冷水窟等處，向例封禁。同治二年，經前
> 督臣左宗棠奏請開採，嗣又中止。然民間私挖偷漏之弊，仍不能免
> 也，如弛禁開工，或由官設廠，或向民收買，不特裕閩省之軍需，
> 兼可濟鄰省之不足〔註81〕。

先命令葉文瀾察看，設法開採；光緒三年 3 月 25 日，丁日昌根據葉文瀾的實際查看後，產硫磺的地區計有〔註82〕：

產硫磺地點	產量及情況
冷水窟：位於鷄籠五十里金包里左右	每月二〇〇擔
大黃山：距金包里二十里	每日約可出十數或數擔
八烟：金包里	洞口衝出磺灰，只須二、三日派工掃
始洪窟：距金包里十八里	數量同上
北投鄉	磺山吐烟七、八處，出色與大黃山相等

〔註78〕The North China Herald and Supreme Court and Consular Gazette, Jane 16, 1877, P. 591.轉引自黃嘉謨：《美國與台灣》，頁 331。

〔註79〕The North China Herald and Supreme Court and Consular Gazette, December 5, 1878, P.543. 轉引自黃嘉謨：《美國與台灣》，頁 334。

〔註80〕China Imperial Maritime Customs, Tamsui Trade Report for the Year 1878, PP. 220～221. 轉引自黃嘉謨：《美國與台灣》，頁 335。

〔註81〕《清季台灣洋務史料》，「閩浙總督文煜等奏請專派葉文瀾駐台督辦煤廠等件並察看硫磺礦油樟腦茶葉各情形設法開採摺」（光緒二年 8 月 24 日），頁 5。

〔註82〕同上，「福建巡撫丁日昌奏報台灣煤務、硫磺、煤油情形片」（光緒三年 3 月 25 日），頁 27～28。

洋務運動製造槍砲需要大量的硫磺，其中多數由外洋進口，可是「外洋之磺，不能禁使不入，而中國之磺，轉禁使不出，非計也」〔註83〕。所以丁日昌主張設廠官煮出售，而且「每百斤成本約在一圓左右，運至各省，即可值銀四五圓，若能涓滴歸公，利誠不小」〔註84〕。於是，由葉文瀾於產硫磺的地方「設立碑界，不准百姓私煮」〔註85〕。而已經私煮存而未賣者，「亦經葉文瀾起出二十餘擔；除每擔仍酌約工本銀五角以免向隅外，應有贏餘銀一千一百餘兩可以抵起廠、購物經費之用，以資節省」〔註86〕。收購已經私煮的硫磺公家賺了一、一〇〇餘兩，計劃充作新設工場的資金，丁日昌還計劃如何銷售台地出產的硫磺，「將來各省所配火藥之磺，若能統將台磺分撥，則銷路可期日廣」〔註87〕。

（四）重視鐵礦

丁日昌對於鐵礦極為注意，「大水堀地方，查有鐵礦。據洋工翟薩回稱，約有六分成色。然該洋工尚非鐵務專門，擬將鐵苗寄至英國傾鎔，分准成色若干，再定辦法。蓋外國一切製造，皆從鐵務生根，工匠不鍊鋼，軍事斷無起色」〔註88〕。

為了使軍事工業能走向近代化，對於台灣出產的鐵礦丁日昌極為關注，除請翟薩特別調查外，還計劃將台灣出產的鐵礦送到英國由專家鑑定。依照丁日昌對台灣鐵礦的注意程度，吾人相信如果台灣產鐵礦的話，中國近代最早的鍊鐵鍊鋼業也將在台灣生根。

二、架設電線

閩台電線的架設，因沈葆楨的離任而中止，丁日昌接任福建巡撫後，光緒二年（1876）11月初旬，丁日昌於起程赴台辦理番務防務以前，在其統籌台灣全局的摺片中，先已擬定了台灣應設立電線的原則；計劃由福州至台灣北部設立海底電線，再由台灣北部設立陸路電線，沿著計劃中的鐵路線南下，以至台灣南部〔註89〕。案經清廷交下南北洋大臣籌議的結果，北洋

〔註83〕《道咸同光四朝奏議（八）》，丁日昌：「光緒三年開辦輪船礦務疏」，頁3167。
〔註84〕同上。
〔註85〕《清季台灣洋務史料》，頁28。
〔註86〕同上。
〔註87〕同上。
〔註88〕《道咸同光四朝奏議（八）》，丁日昌「光緒三年開辦輪路礦務疏」，頁3169。
〔註89〕黃嘉謨：〈中國電線的創建〉，《大陸雜誌》，第三十六卷，第6、7期合刊，中華民國57年4月15日，頁179。

大臣李鴻章認為台灣擬設陸路電線，議將前經購回的福廈電線器材移用，事尚易為〔註90〕。光緒三年正月 22 日（1877.3.6），清廷於指示台灣應辦事項的詔諭中，也同意李鴻章的意見，認為如此「辦法尚屬簡易」〔註91〕。丁日昌乃一面飭令所屬人員進行籌備，復於二月下旬，福州電線學堂教習期滿以後〔註92〕，特別將福廈電線器材移設台灣陸路電線的理由，進行的步驟，以及嗣後經營的計劃等項，再度具片奏請清廷核定〔註93〕。原奏中說：

> 電線一項，所以達要報而速軍情，為用至要。惟前議由福州造至廈門，係由洋人操縱，太阿倒持，未免害多利少。臣到閩後，當經買回拆毀，仍將電線留存，延請洋人教習學生，曾經分別奏陳在案。台灣南北路途，相隔遙遠，文報艱難，設立電線，尤為相宜。臣現擬將省城前存陸路電線移台灣，化無用為有用，一舉兩得。並擬即派學生六品軍功蘇汝灼、陳平國等專司其事，定於四月動工，先由旗後造至府城，再由府城造至基隆。目前暫不僱用洋人，倘有理有窒礙難通之處，即翻譯泰西電報全書，以窮其妙，或隨時短僱洋工一二人，以資參核。……將來仍擬將洋字改譯漢字，約得萬字，可資通報軍情之用，然後我用我法，遇有緊急機務，不致漏洩。惟從前收存電線、機器，皆係臣一手經理，必須臣親自來省交代，並分派學生添購物料，裝運輪船赴台，庶免貽誤〔註94〕。

由於台灣與大陸間的交通阻滯，此項奏片遲至 4 月 14 日（5.26）才遞到北京，清廷仍諭飭丁日昌「妥為籌辦」〔註95〕。台灣方面，依照原定的計劃，先行從事準備工作；原派定的電線工作人員，4 月初即已行抵台灣，進行勘察設線地點〔註96〕。4 月 11 日（5.23），台灣道夏獻綸特別出了一道告示，說明

〔註90〕故宮博物院輯：《清光緒朝中日交涉史料》，民國 20 年排印，卷 1，頁 17～18。

〔註91〕世續等修纂：《大清德宗景（光緒）皇帝實錄》，卷46，頁13～14。

〔註92〕中央研究院近代史研究所編：《海防檔丁電線》，中華民國 46 年 9 月初版，「電線檔」，第 194～196 號文及附件，頁 230～236。
黃嘉謨：前文，頁 178。

〔註93〕黃嘉謨：前文，頁 179。

〔註94〕王彥威等編：《清季外交史料》，台北，文海出版社影印，中華民國 52 年 3 月，丁日昌奏片，光緒三年 4 月 14 日，卷 10，頁 12～13。

〔註95〕《大清德宗景（光緒）皇帝實錄》，卷 50，頁 10～11。

〔註96〕中央研究院近代史研究所編：《海防檔丁電線》，中華民國 46 年 9 月初版，「電線檔」，第 202 號文，頁 243。

此次奉准設立電線，純由中國官府自辦，其目的在使緊急文報靈通，並供予一般商民遞音信的便利；告示的結尾照例勸告軍民人等應共同保護電線，不得任意毀竊，否則一經破獲，立予懲辦不貸〔註97〕。同時，台灣道又札飭台灣府轉飭所屬遵照〔註98〕。

不過，台灣安設電線工作的進行並不十分迅速。丁日昌於四月間由台灣回到福州，幾經安排，至6月初一日（7.11），才由兵輪飛雲號裝運電柱電線器材前赴台灣〔註99〕。7月初十日（8.18），安設電線的工作開始，先由台灣府城南至旗后（打狗），繼又由台灣府城延至安平。工作期間，既無所謂礙及盧墓風水問題，也未受到當地居民的阻擾，較諸福廈電線安設工作障礙重重的情形，大不相同。9月初十日（10.16），全線安設工作告成，計長九十五里。至於原議設辦台灣府城北至基隆的電線，由於原存電線器材不足，無法興建〔註100〕。其後丁日昌告假回籍養病，他所擬定的設立閩台電線計劃，也隨而中途擱置〔註101〕。

同年10月初六日（11.10）以後，台灣南路電線開放對外營業，規定發寄電報以二十字為基本單位，由安平或台灣府至打狗間的電報，每單位收費銀洋一元；由安平至台灣府間的電報，每單位收費銀洋二角〔註102〕。嗣此以後，這一條並不太長的電線，即由電報局委員繼續謹慎經營，且成為當地官商們經常用以寄遞電信的工具〔註103〕。直至光緒十四年（1888），才與新設立的台灣水陸電線銜接，合併經營〔註104〕。

台灣南路電線（安平——台南，台南——旗后）是中國最早的電線之一（另一條電線是福州馬尾電線）。值得為吾人注意的是，這一條電線（雖然只有九五華里），在不到二個月（1877.8.18～10.11）的短短期間內完全不借用外

〔註97〕The North China Herald and Supreme Court and Consular Gazette, July 4, 1877. 轉引自黃嘉謨：前文，頁180。

〔註98〕伊能嘉矩：《台灣文化志》，中卷，東京，刀江書院，日本昭和三年，頁800～801。

〔註99〕The North China Herald and Supreme Court and Consular Gazette, July 28, 1877, 轉引自黃嘉謨：前文，頁18。

〔註100〕連雅堂：《台灣通史》，卷19郵傳志，郵電篇，頁607～609。（中華民國62年6月15日，古亭書屋）。

〔註101〕黃嘉謨：前文，頁181。

〔註102〕Davidson, JJ. W., op: cit., P.210.

〔註103〕黃嘉謨：前文，頁180。

〔註104〕「電線檔」，第838號文及附件，頁1303～1310。劉銘傳，前揭書，「台灣水陸電線告成援案請獎摺」（光緒十四年5月初五），頁258～260。

國人之手，而以中國人之手完成工事。洋務運動中，特別著重外來技術的學習與模仿，在台灣已有部份的成果，而且達到能夠適用的程度。

三、議設縱貫鐵路

同治十三年日軍侵台之後，引起再議海防時，丁日昌於條陳海防時，已經提出：鐵路「為將來之所不能不設」〔註105〕。光緒二年，按任閩撫後，更有在台灣興築鐵路之計劃，並且於是年 11 月間即將啟程渡台之際向朝廷提出修建鐵路〔註106〕。抵達台灣巡視全台形勢之後，又再上一摺，強調鐵路與開礦之重要，「竊以為臺事設郡置縣、無益之侵芩也。輪船、礦物、奏功之鍼砭也」〔註107〕。臺事設郡置縣，是於事無補的補救政策，建鐵路、開礦物，才是拯救海疆真正可以奏功的方法。

丁日昌首倡在台灣建造鐵路，對控制台灣與抵禦外侮上，可以說比沈葆楨更進一步。不過沈葆楨也非常贊同丁日昌的見解，沈說：「惟鐵路一端當時未經議及，而實為台地所宜行」〔註108〕。沈葆楨以實際經營台灣的經驗，向清廷主張台灣可以建造鐵路，當然成為支持丁日昌在台灣建造鐵路的有力輿論。但是鐵路在當時的環境裏，還不被認為應在中國建造，只要有人提議在中國建造鐵路一定遭到反對。所以當丁日昌上奏在台灣建造鐵路時，為了避免遭到反對，乃特別強調：

> 輪路宜於台灣而不必宜於內地〔註109〕。

丁日昌甚至說：「臣平日於電線、輪路等事，本不以為然。惟至於台灣，察看形勢，有必須輪路、電線、礦務而後始能一勞永逸」〔註110〕。從這一點表明初期台灣洋務官僚經營台灣的基本心態，大陸各處創辦之新式事業，常易遭受守舊者之反對，希望在台灣試行，於產生成效之後，能取信於人，再

〔註105〕丁日昌：「海防條議」，同註30。
　　　　呂實強：前書，頁230～246。
〔註106〕《大清德宗景（光緒）皇帝實錄》，卷43，頁3。
〔註107〕《清季台灣洋務史料》，「福建巡撫丁日昌奏統籌台灣全局擬開辦輪路、礦務請簡派熟悉工程人員駐台督理摺」（光緒二年12月16日），頁8。
〔註108〕同上，「總理各國事務衙門奕訢等議奏丁日昌等籌議台灣事宜請旨遵行摺」（光緒三年2月24日），頁17。
〔註109〕同上，「福建巡撫丁日昌奏統籌台灣全局擬開辦輪路、礦務請簡派熟悉工程人員駐台督理摺」（光緒二年12月16日），頁8。
〔註110〕同上，「總理各國事務衙門奕訢等議奏丁日昌等籌議台灣事宜請旨遵行摺」（光緒三年2月24日），頁19。

進而推行於他處〔註111〕，所以清末洋務官僚熱衷於在台灣進行近代化的事業。不過就台灣初期洋務運動而言，類似輪路宜於台灣而不宜於內地之見解，除了上述之理由外，最重要的是清末台灣的經濟結構，本身已有要求社會變革的內在條件，洋務運動恰好能配合清末台灣經濟結構變遷的傾向。

丁日昌認為在台灣不建鐵路有十害，建鐵路有十利，同時在台灣建鐵路有七無慮。其意見如下：

（1）台灣前山雖業經開闢，每當夏秋溪河盛漲之時，文報往往經月不通，後山更不必論。即如日本窺伺台南，紮營兼旬，郡中尚未得信。近者如此，遠者可知。鐵路日行二千餘里，軍情瞬息可得，文報迅速可通。

（2）後山易為外人所據，取之則需派重兵防守，方可免生番之狙殺。然駐重兵則費鉅，久將形成坐困。且瘴癘盛行，屯駐不易。有鐵路即可擇善地而駐，遇有緊急，大軍可朝發而夕至。

（3）台灣四面環海，敵人隨時隨地可以登陸。彼輪船飄忽，朝南而暮北，我跋涉艱難，速計旬而遲計月。留營固餉需困難，撤勇又恐事變突來，處處為敵所乘。鐵路比輪船快捷一倍，平時只須練兩支精兵，南北駐紮。海上有事，電報一來，精銳立集，隨敵所向，以逸待勞，以眾敵寡，主客之勢既異，勝負之權可操。

（4）台灣民情浮動，治安不良。自道光十二年土匪張丙之案起，至同治三年戴萬生之案止。即有叛案八起。糜費國帑民捐不下一千萬兩，百姓因亂而家破人亡者，不可數計。內山番民更不時蠢動，殺掠燒搶。有鐵路則朝聞萌蘗，夕壓重兵。禍亂不生，商民安堵，百貨疏通。

（5）台灣防兵二十餘營，分散駐紮，不僅不便集中使用，更且難於集合訓練。甚至冊籍均不便查考。有鐵路即不僅可以集中訓練，營官不敢以少報多，即勤惰壯弱，亦可隨時羈核。臥薪嘗膽以求實濟，斷無練而不精之兵。

（6）府城以安平為港，然安平淤淺，輪船不能近迫。無論官民，均須坐桶中以竹排泛海上岸。而颶風驟發，傷亡甚多。雞籠港口雖隱，然南北往來，動須兼旬。有鐵路則可隨意在南北登岸，毋須再行涉險〔註112〕。

〔註111〕呂實強：前書，頁298。
〔註112〕《清季台灣洋務史料》，「福建巡撫丁日昌奏統籌台灣全局擬開辦輪路、礦務請簡派熟悉工程人員駐台督理摺」（光緒二年12月16日），頁8～12。

丁日昌主張在台灣建造鐵路的理由，特別著重於國防的作用，如果台灣有鐵路，則不論抵抗外侮，或控制生番，或壓制島民反抗都能發揮最大的戰鬥力量，況且台灣建造鐵路，關係整個中國海防：

> 台灣、日本、小呂宋三島皆係鼎足而立，相距不過一、二日水程。
> 日本前本弱國，自設輪路、電線、開礦、練兵、製器後，今乃雄踞
> 東方，眈眈虎視；前年窺台南，上年逼琉球不令進貢，今又脅高麗
> 使與通商，彼其志豈須臾忘台灣哉！既已斷我手足，必將犯我腹心。
> 而且台灣為東南七省尾閭，上達津沽，下連閩浙，台事果能整頓，
> 則外人視之有若猛虎在山，不敢肆其恫喝。……故台強則彼有如芒
> 刺在背，時存忌憚之心；台弱則彼視為奇貨可居，各蓄吞噬之念。
> 輪路開……，則兵事自強而彼族之狡謀亦自息〔註113〕。

台灣初期洋務運動的特點之一，乃是特別著重於國防的作用而進行洋務設施，從丁日昌主張在台灣建設鐵路的理由便可窺見，丁日昌似乎沒有明白指出就清末台灣而言，鐵路是促使經濟發展最重要的交通運輸工具，雖然丁日昌意識到鐵路可以使全台總體納入最高行政權力的有效控制，然而並完全未意識到清末台灣的社會經濟發展，已經達到期待權力當局進行社會基礎事業的投資時刻。繼而他又解釋一般反對者所持之疑慮。他指出：

（1）或慮鐵路興辦，必致傷人廬墓，百姓怨嗟。不知台中礦土甚多，不致礙及田廬，風水之說，人民並不深信。

（2）或慮鐵路用煤甚多，將來煤盡則成為廢物。不知台北各山到處皆煤，可以用之不竭。

（3）或以鐵路開辦繁重為慮。不知如後山暫時緩開，前山自極北之雞籠起，至極南之恆春止，計程約千里，以一里為二千兩計之，經費大約二百萬，不過安平一處砲台費用之六倍。大約得前年防禦日軍費用之六七成。且防務支出即不能收回，鐵路則有稅租可收。

（4）或慮鐵路如僅開前山，後山番情仍多反復。不知台防以禦外為要。外侮既靖，擇生番之尤兇者大舉勦辦，則必可使撫局永遠可諧。一俟後山有礦可採，再行次第舉辦。雖然，前山舉辦之後，於南北中三路多開橫貫捷徑，亦可使前後山混而為一。

〔註113〕同上，頁12。

（5）或慮鐵路等取法洋人，他日易為洋人所據。不知我但雇洋人為工匠，工竣則洋人可撤。將來一面舉行，一面學習，不過二、三年，當可自造。日本借泰西之款，雇西人開路，至今尚無流弊，何況款由自籌？且環球皆辦鐵路，人有捷徑可以制我，我無捷徑可以制人，豈能操勝算？鐵路與輪船等耳，輪船可行則輪路亦可行。

（6）或慮台灣既設輪路，外人將於內地效尤。不知台灣係屬外島，與內地情形不同。且中國自行舉辦，並非如上海由洋人私造者可比〔註114〕。

吾人認為丁日昌主張在台灣建造鐵路的理由中，最值得注意的有以下三點：

第一：深受牡丹社事件危機意識的影響，特別是對侵犯台灣的日本抱以最大的戒心，同時自從中國海防意識普遍覺醒後，台灣雖然孤懸海外，但其地位是東南七省的門戶（丁日昌稱東南七省尾閭），上達津沽，下連閩浙，因之保台即保中國。

第二：台灣係屬海外與內地情形迥然不同，這種觀念其實是受清廷對台灣傳統影像的影響，亦即認為台灣係化外之地，是聲教之所不及〔註115〕，因為這一點不同於中國大陸內地，所以在台灣之島民不會因風水之說，阻礙鐵路的建造，同時遠離內地不會對內地構成威脅。

第三：丁日昌在意識上已經有充分利用台灣的經濟條件以發展台灣的鐵路「台北一帶，滿山皆礦、煤鐵出於是，硫磺、樟腦、煤油、茶葉出於是」〔註116〕利源甚厚，十年後建造鐵路的成本可還，二十年後台灣庫儲可以充裕。丁日昌僅意識到以台灣的財源可以支持鐵路的存在，但是卻忽略了在台灣建造鐵路將對台灣的經濟發展有很大的推動作用，過份著重於鐵路的國防作用，沒有注意到鐵路對台灣的經濟功用。

丁日昌計劃建造一條台灣縱貫鐵路，台灣東部雖然暫緩計劃建造，不過在意識上已有建造鐵路的構想。丁氏的台灣縱貫鐵路之構想：「從前極北之雞籠起，至極南之恆春止，計程約在千里」〔註117〕，依照丁氏之估計，每一里鐵路經費約計要二千兩，所以建造台灣千里縱貫鐵路，約需經費二百萬兩左

〔註114〕同上，頁13～15。
〔註115〕同上，頁10。
〔註116〕同上。
〔註117〕同上，頁13。

右〔註118〕。不過在十九世紀七十年代丁日昌要建造一條雞籠——恆春的縱貫鐵路，所面臨的經費問題。丁日昌所面臨的問題是鐵路經費如何籌得？對於鐵路經費之籌措，日昌之設想，不外四途，即由中央支援，由閩省撥濟，借用洋債，或由富紳捐輸〔註119〕。

（一）中央支援

既然清廷同意在台灣興建鐵路，自然應給予經費方面之支援。故戶部議覆自光緒三年7月起，將從前奏定給予南北洋海防經費中應給南洋之大部份，解濟台灣各項建設之用，亦即自光緒三年7月起，下列各關口洋稅四成中四分之一，以及下列各省釐金的二分之一，由福建巡撫丁日昌兌收。所謂南北洋海防經費，名義上每年四百萬兩，實際上自光緒元年7月起，迄三年正月止，總共解南北洋者，不過一百九十餘萬兩〔註120〕，平均每月所實解不過十萬兩，不及定額的三分之一。故即使各關各省肯照戶部所擬，分別撥解，台灣所得，每年亦不過四十餘萬兩〔註121〕，而且須分用於各種建設。更何況各省解款，多靠人事關係，日昌之聲望與影響力，不能與沈葆楨、李鴻章相埒，自難望盡數解清。故日昌對此款，不敢寄以期望。所謂「催收此款，必致百呼而無一諾」〔註122〕。

光緒初年，南北洋海防經費分撥情形〔註123〕：

關　口	解撥之洋稅	分撥情形		
		西征餉銀	北洋經費	福建巡撫
粵海	四成	一半	四分之一	四分之一
潮州	四成			
閩海	四成			
浙海	四成			

〔註118〕同上。

〔註119〕呂實強：前書，頁303。

〔註120〕《清季台灣洋務史料》，「總理各國事務衙門奕訢等議奏丁日昌等籌議台灣事宜請旨遵行摺」（光緒三年2月24日），頁24。

〔註121〕李鴻章：《李文忠公全集》，朋僚函稿卷19，「光緒三年3月2日復吳春帆京卿」，頁3。

〔註122〕《洋務運動文獻彙編》（二），頁368～371。

〔註123〕《清季台灣洋務史料》，「總理各國事務衙門奕訢等議奏丁日昌等籌議台灣事宜請旨遵行摺」（光緒三年2月24日），頁24～25。

山海	四成			
滬尾	四成			
打狗	四成			
江海	四成或二成			

省名	解撥之釐金額	分撥情形	
		北 洋	福建巡撫
江蘇	40 萬		
浙江	40 萬		
江西	30 萬	一半	一半
福建	30 萬		
湖北	30 萬		
廣東	30 萬		

（二）閩省撥濟

台灣本島為福建所屬，故台防議起，李鴻章即主張若能截留閩省京協各餉，移充台灣經營經費。但當時中央政府財政困難，支應浩繁。左宗棠西進新疆之大軍，正在得手，羽檄催提，急如星火，截留協餉勢不可能。加以閩浙總督何璟一向保守，於日昌經營台灣之計劃，深不為然，事事予以掣肘。對截留餉項移充台地建設一事，雖勉允奏請，卻對日昌成見更深。故閩省協濟一項，前途亦不樂觀〔註124〕。

（三）借用洋債

在光緒初年，雖非無例可援，畢竟在觀念上尚不易為一般所接受。蓋當時各方面所考慮者，多僅偏向於利息負擔與還債之困難，很少著眼於投資與報酬方面。故借洋債之原則，不易獲得中央的支持〔註125〕。然以建設需要，日昌曾請李鴻章、赫德（Robert Hart）向英商麗如銀行借款五、六十萬兩，俾先行建築台灣府至旗後一段鐵路，英商要求利息八釐，日昌嫌其太重，而未能成議〔註126〕。

〔註124〕呂實強：前書，頁304。

〔註125〕同上。

〔註126〕李鴻章：《李文忠公全集》，朋僚函稿卷17，頁23～24。

（四）官紳捐輸

在支持建造台灣鐵路的各方面力量中，以台灣士紳支持最力，有板橋林維讓、林維源捐輸五十萬元作為興辦開發路礦費用〔註127〕。清廷、李鴻章或沈葆楨支持丁日昌的鐵路計劃，當然是從國防功用著想，如果台灣有近代的國防設施，可作為保衛東南七省的重要門戶。但是台灣士紳的支持洋務官僚推行洋務建設，基本上是一種投資意識，這種投資意識代表了他們想改善台灣內部的各種不良的投資環境，尤其是清末台灣有三大出口物，在缺乏便利、迅速的運輸工具之下，顯然不利於貿易與經濟活動，阻礙了經濟發展，這種投資意識，在後期洋務運動時，更為明顯。

台灣縱貫鐵路的構想可以說在丁日昌時代已相當成熟，雖然經費籌措困難，但丁日昌也沒有更進一步積極籌措經費，甚至改變主意，移鐵路經費改購鐵甲艦〔註128〕。更不幸的是光緒三年二月，兩江總督沈葆楨拆毀的吳淞鐵路〔註129〕，丁日昌將其軌材盡移台灣，擬在台灣改修（地點可能選定在台灣府城至旗后），並且邀請吳淞鐵路工程師英人瑪理遜（Gabriel James Morrison）來台一次商議策略〔註130〕，結果丁日昌並未充分利用，將這些路軌器材「拋棄海旁，任其潮汐沖漬」〔註131〕，等到劉銘傳重興台灣鐵路計劃之時，終成廢物，已不堪使用〔註132〕，吾人以為丁日昌的鐵路計劃，因過分強調台灣建造鐵路對東南七省可產生的海防功用，當這個功用又為他自己懷疑後（後項詳述），台灣鐵路的建造終成泡影。

〔註127〕中央研究院近代史研究所藏總署清檔散件，「丁日昌奏獎台紳捐款摺片」。轉引自李國祁：《中國早期的鐵路經營》，中央研究院近代史研究所專刊，中華民國50年5月初版，頁70、頁110。

〔註128〕《清季台灣洋務史料》，「福建巡撫丁日昌奏請將議撥台灣辦理輪路經費變通購辦鐵甲船而於台灣先行舉辦馬車路以利師行摺」（光緒三年5月初4），頁29～32。

〔註129〕沈葆楨拆毀吳淞鐵路的情形，請參閱 David Pong, "Confucian Patriatism and the Destruction of the Woosung Railway 1877", Modern Asian Studies, Vol. 7, 1973.

〔註130〕呂實強：前書，頁306。

〔註131〕吳鐸：〈台灣鐵路〉。中國社會經濟史集刊第六卷第1期，載於包遵彭、李定一、吳相湘等編纂：中國近代史論叢第一輯第五冊《自強運動》，台北正中書局印行，中華民國45年12月初版，頁170～197。

〔註132〕同上。

四、計劃台灣為南洋海防中心

在提出建造台灣鐵路半年之後，丁日昌開始懷疑台灣建造鐵路對東南七省所能產生的功用，於是改變經營台灣的計劃，籌議在澎湖建立南洋海防中心。

> 在台防有此一舉（指鐵路），固可恃以深固不搖。然一遇南北洋有
> 事。萬不能將台灣之輪路移為南北洋之護衛，非若鐵甲船今日可以
> 駐在台灣，明日可閩、可浙，不數日而可齊、可燕，何處有急即可
> 前往何處堵禦，取資廣而收效賒也〔註133〕。

這個意思，即「輪路僅可以顧台灣，鐵甲船則可以兼顧沿海七省」〔註134〕，於是在兩利相權取其重下，「似乎鐵甲船之應辦，又先於輪路」〔註135〕。對於建造台灣鐵路的計劃，丁日昌、沈葆楨、李鴻章都認為等到台灣礦利大興，再行「就地籌款」舉辦。為解決台灣南北呼應不靈的問題，丁日昌建議先設馬車路，以利南北交通〔註136〕。

既然鐵甲船的功用在國防上可以兼顧台澎與東南七省，所以鐵甲船應先於鐵路舉辦，丁日昌乃奏請將籌辦台灣鐵路之經費移購鐵甲船，其計劃是：

> ……撥台灣辦理輪路之南洋經費盡數先行購辦中等鐵甲船三號，無
> 事在澎湖操練，有事時駛往南北洋聽調……仍當嚴選將才，以期練
> 成水師一、二軍〔註137〕。

丁日昌計劃在澎湖成立南洋海防中心，此一海防中心擁有鐵甲船三艘、水軍二軍左右。關於建立南洋海防中心購買船艦的經費，丁日昌認為應由南北洋提收，主要理由是，因為「人微言輕；況復遠處重洋孤島，可靠委員肯來台灣差遣者少，提解萬難」〔註138〕，而購買船隻的事宜，認為應由船政大臣吳贊誠督辦。

不論是籌措此項經費或購買輪船事宜，朝廷都指令由丁日昌負責辦理。但是籌措經費的困難，使得丁日昌又改變主意，認為台灣不適合成立鐵甲艦

〔註133〕《清季台灣洋務史料》，「福建巡撫丁日昌奏統將議撥台灣辦理輪路經費變通購辦鐵甲船而於台灣先行舉辦馬車路以利師行摺」（光緒三年5月初4），頁30～31。

〔註134〕同上，頁31。

〔註135〕同上。

〔註136〕同上，頁32。

〔註137〕同上。

〔註138〕同上，頁32。

隊，做為南洋海防中心，理由是鐵甲船喫水在二十公尺以上，中國沿海口岸中，最適合的地點有兩個，一個是屬於北洋在牛莊附近之大連灣，一個是屬於南洋在浙江溫州所屬之南關，前者為北洋大臣李鴻章勢力範圍區，後者為南洋大臣沈葆楨勢力範圍區，由此二位大臣督辦鐵甲船最為適當〔註139〕。若在台灣舉辦鐵甲艦隊，除了地點不如大連灣、南關之天然軍港外，還有：

> 台灣既無承辦鐵甲船之洋商，亦無匯兌出洋之銀號。現甫舉辦陸電
> 線，與海電線亦不相連。若在台灣承辦鐵甲船，實多呼應不靈之處
> 〔註140〕。

丁日昌把成立鐵甲艦隊的事推給了南北洋大臣，後來閩浙總督何璟又把此事推給了北洋大臣〔註141〕，於是丁日昌擬在台灣成立南洋海防中心的計劃又成泡影。這個事情的整個轉變過程中，一定隱含許多清末官僚之無能、缺乏效率、腐敗與推諉不負責任。

第三節　劉璈時代

　　丁日昌離任後至光緒十年，任福建巡撫者有吳贊誠（船政大臣署福建巡撫，任期 1878 年）、裕寬（未到任）、李明墀（署福建巡撫）、勒方錡（任期 1879～1881 年）、岑毓英（任期 1881～1882 年）、張兆棟（任期 1882～1884 年），其中屬洋務幹才者為吳贊誠與岑毓英，不過吳贊誠、岑毓英在台並未留下有關洋務運動的成果。倒是岑毓英下之台灣道台劉璈致力於台灣洋務經營〔註142〕。

　　劉璈任台灣道台期間（光緒七年 8 月至十一年 6 月）致力於開山撫番，籌辦防務，整頓軍紀，整頓煤務、塩務、洋藥、茶、樟腦、釐金等。其中與洋

〔註139〕《清季台灣洋務史料》，「福建巡撫丁日昌奏請將議撥台灣辦理輪路經費移辦鐵甲船一案歸南北洋大臣督辦摺」（光緒三年 7 月 20 日），頁36。
〔註140〕同上，頁36～37。
〔註141〕《清季台灣洋務史料》，「閩浙總督何璟等奏請將辦理台灣輪路移辦鐵甲船經費解歸北洋大臣衙門兌收摺」（光緒三年 11 月 27 日），頁38～39。
〔註142〕清末致力於台灣洋務運動的主要洋務官僚，事實上只有沈葆楨、丁日昌、劉璈與劉銘傳。持這種觀點有戴國煇先生與史威廉先生（William M. Speidel）。請參閱戴國煇：〈清末台灣の一考察〉。William M. Speidel, "The Administrative and Fiscal Reform of Liu Ming-Ch'uan in Taiwan, 1884～1891 : Foundation for Self-strengthen", The Journal of Asian Studies, Vol. XXXV, No.3,（May 1976）, P. 441.

務運動有其直接關連者如籌辦防務，擬在台灣郡城內或彰化縣屬設立之修配鎗礮子藥局（或改議先設火藥廠）整頓格林礮隊，整頓海口礮台，主張購買水雷，爭取輪船撥移台澎等〔註143〕。但劉璈的台灣洋務經營中，以致力於振興台灣煤礦事業最為重要。基隆官營煤礦，在劉璈接任台灣道台時已經陷入經營不振中。劉璈上任後於光緒八年二月更易新章，著手整頓。以下就是劉璈煤務改革中主要的兩項加以討論，一是官營煤礦行政部門的整頓，一是市場開拓問題，蓋這兩項係影響基隆煤務經營不振的主因，尤以後者之市場開拓問題牽涉整個洋務運動之弊病所在。

一、官辦煤礦行政部門之整頓

官辦基隆煤礦的經營，大體上可分為開採煤炭與業務經理兩部門。開採煤炭的部門統由洋礦師翟薩負責，業務經理範圍由煤務局官員負責〔註144〕。基隆煤礦經營不振的諸原因中，其關鍵之一即在煤務局官員負責部門。劉璈根據光緒七年10月及12月煤務局的報冊中，指出煤務局經營的積弊，「蓋煤務局之壞，壞於歷辦不得其人，浮費過多，成本過重，隨處虛耗，任意虛報」〔註145〕，明顯指出成立不到七年的煤務經營系統，也同樣遭遇到清末行政系統共同症狀（官吏的無能、腐敗、不負責任）的弊病。光緒七年10月的報冊中，劉璈指出具體的弊病：

> 定章每百石補耗五石，該局造報，基椗十月分出官炭一萬八千八百七十二擔零，應補耗九百四十三擔零，何以報一千一百九十五石，長報二百五十二石？出總炭一千七百零二石，應補耗八十石，何以報七百三十六石零，計長報六百五十六石？雖總粉炭一項，所報略短，彼此相較，仍屬不符甚巨。九月分報耗之數，亦如此類，究竟是何緣故〔註146〕。

〔註143〕請參閱史威廉、王世慶：〈劉璈事蹟〉，《台北文獻》，直字第33期，中華民國65年，頁89～100。

連雅堂：《台灣通史》，卷33，劉璈列傳，頁1025～1031。

劉璈宦台時，著《巡台退思錄》三卷，劉銘傳曾奏毀其版。

〔註144〕黃嘉謨：《甲午戰前之台灣煤務》，頁127。

〔註145〕劉璈：《巡台退思錄》，台灣銀行經濟研究室編印，台灣文獻叢刊第二一種，「稟遵批整頓煤務較核報冊委員查議勾稽由」（光緒八年2月28日），頁17。

〔註146〕劉璈：前書，「批煤局委員報銷各情由」（光緒八年2月21日），頁20。

十二月份的報冊中，劉璈再度指出這個經營系統的腐敗、無能、不負責任的嚴重情形。表 3-5 是煤炭由八斗（子）轉運至基隆，然後發貸出去，轉運過程失耗的情形：

表 3-5　基隆煤礦轉運失耗情形表　　　　　　　　　　　　　單位：石

	煤轉運情形		
	（1）	（2）	（3）
	八斗子起解煤量	基隆收煤量	基隆發煤量
總炭	19850	16550	14895
粉炭	9010	3430	3007
	失耗情形		
（4）	（5）	（6）	
（1）－（2）間	（2）－（3）間	合計（4）＋（5）間	比率 6/1
3300	1655	4955	25％
5580	343	5923	83％

說明：基隆發煤量以收煤量扣去一成失耗量得之。

　　　基隆收發之時，又各有失耗，大較又失去一成之譜〔註 147〕。

總炭的失耗率 25％，粉炭的失耗率 83％，而「官炭既耗，總炭不加；總炭既耗，粉炭不加；而粉炭且轉有失耗，究不知耗歸何處」〔註 148〕，總炭失耗了 25％，粉炭卻沒有增加；而粉炭耗了 83％，也不知耗歸何處。造成這種病態的現象，不外乎煤務官員的貪污、腐敗、不負責任。

　　煤務官員如何「浮費過多」造成「成本過重」呢？劉璈也指出：

又工匠人等，聽燒官煤月至數千百石；洋人三名，月燒官煤九千斤；路旁三燈，月燒官煤四萬斤；其間不應濫支之處，不可勝數，此煤斤濫耗之情形也。至其銀錢數目、挖煤工價，浮於所收之煤至三千四百餘石。車運之價，亦難實按。即有雜作之工，而雜作仍開報銷；既有包估之工，而匠工仍開月餉。掛名冒號，重台叠閣，不可勝數。如傳話家人，每日工價一元，小建二十九日，開

〔註 147〕劉璈：前書，「稟遵批整頓煤務較核報冊委員查議勾稽由」（光緒八年 2 月 28 日），頁 17。

〔註 148〕同上。

支至三十二元。洋人打電報買鐵器，費至數百十元。而合同之外，
另給輪班十八元。通事之外，更有通事；醫生之外，復設醫生；
司事列於機廠，稿總冠於清書；勇走信，又給腳錢；馬數匹，夫
至十一名；此外無有名色可安之人，又復不少，種種靡費，悉難
枚舉〔註149〕。

劉璈為整頓這個貪污、腐敗、無能、不負責任的煤務局經營系統，主張加強
管理。因原煤務委員鄭倅（膺杰）一人照料難周，且或情面所關，無法整頓，
於是派呂悠棻（補用同知前浙江永庫縣知縣）、李嘉棠（候補通判）前往會同
辦理〔註150〕。更擬定整頓煤務管理條規：

（1）煤炭折耗限定最高成數，逾限應予分別賠罰。

（2）煤局員役丁夫暨煤廠工匠人等日常需用煤炭，一律自行照價購用。

（3）煤層開挖情形，按月繪圖呈報。

（4）挖篩器具及挖煤燈油等項，酌量按價包由工匠自備自理。

（5）局廠修造，應先繪圖請示，否則不准報銷；煤井堵板按文估包，亦
應按月繪圖彙報。

（6）煤局執事人員，應按實裁減改派，不准濫用私人。

（7）每月撥煤收銀帳目，應將收欠還清各款註明冊報。

（8）招徠銷路，剔除扣頭及使用小費等弊端〔註151〕。

劉璈雖然擬定條規，認真查核，甚至屢次懲辦舞弊人員，終究是積重難
返，似乎很少進步。

二、市場開拓的問題——兼論洋務運動缺乏國定統一之指導

事實上，基隆煤礦的問題除了煤務官僚的腐敗、貪污、無能、不負責任
的問題之外，最重要的問題是庫存量太多、大量的煤滯銷，以致基隆煤礦衰
竭不振。當時基隆煤滯銷的實情如下：

煤井全年所出之煤，不下百萬石之多，除船政局搭銷少許，各輪船
銷亦無多。現積四十餘萬石，尚在待銷〔註152〕。

〔註149〕同上，頁17～18。

〔註150〕劉璈：前書，「稟陳煤務利病條略由」（光緒八年2月29日），頁21。

〔註151〕同上，頁21～23。

〔註152〕劉璈：前書，「致上海招商局唐觀察煤務由」（光緒八年8月19日），頁
33。

產量中有三分之一的煤賣不出去，賣不出去的原因是大陸本土的市場，對台煤相當不利，其情況如下：

> 刻下日本、英、美各國之炭，銷於上海、香港各口者數十倍於台灣，查上年上海一口，銷英煤一萬八千噸，日本煤四萬四千噸，台灣煤八千噸〔註153〕。

劉璈對於台灣煤炭行銷不振，與囤積量增加而造成的耗損，感嘆說「台北礦……，該礦只開一處，每年已見煤百數十萬石，能值銀二十餘萬元，局用不過數萬兩；徒以存煤不銷，籌銷而未得其道……，是本有大利，而轉為大害」〔註154〕。

何以大陸本土洋務運動所推行的近代工業所需要的煤炭，大量依賴洋煤和日本煤，利用台煤的數量少之又少，致造成台煤嚴重的滯銷問題。關於地之弊害，因為基隆的地理位置關係：

> 僻居海嶠，無甚貿易，便船不多，其來儎煤者，須專為儎煤而來，無貨可帶。煤為笨重之物，價值無多，滿載以去，船費捋於貨價，故煤在台灣購之，轉較東西各洋為不便，此地之弊〔註155〕。

至於商之弊害，劉璈認為：

> 至於商之弊，未有成整大販，其平時來購煤者，不過同發、德發諸商而已。查月報銷煤之數，知其本少利微，非大主顧。其購煤而去，轉賣零商，必不能以誠信立招牌。其來也，或賄經手之丁夫，蒙多報少。其去也，但能如本出脫，已足以羨數為贏餘。或又貪民炭之便宜，先裝船底，購官炭為蓋面，冒充名色、內地之人，知為台炭而已，於是謂台炭為低質。內地之商，知台炭之本重利輕，即以台炭為不可販。貨日益低，價日益減，而官中之銷路日益窄。此商之弊也〔註156〕。

因為有此兩弊存在，造成煤炭的大量囤積，終成滯銷。要突破地與商之弊，劉璈主張籌銷的方法，可包由商人專賣煤炭——包商制度。但閩省督撫大吏等未盡同意，且煤炭售價高懸不減，大商行號也未踴躍承銷，此項包銷辦法，

〔註153〕劉璈：前書，「詳論煤務屯銷利害由」，頁36。
〔註154〕同上，頁35。
〔註155〕劉璈：前書，「籌銷論」，頁39。
〔註156〕同上，頁39～40。

終於無法實行〔註157〕。事實上，劉璈把基隆煤礦滯銷的原因，歸之於地與商之弊，是最大的錯誤，其實地與商的因素在當時的環境下固然有某種程度的阻礙，但販賣受阻的主要原因決不是「地」與「商」的因素，如果能限定東南沿海諸省洋務運動所經營的江南製造局、馬尾船政局、上海機器局等，這些新工場和船舶的煤炭消費，都取自台灣的煤炭，台灣的煤礦就可以全部銷售〔註158〕。

上述這些新工廠和船舶，何以沒有以台灣之煤做為主要的消費對象，因而造成「中國自棄其煤，而洋人且得售其煤於中國各海口」〔註159〕。考其原因，主要在於洋務運動的整個進行過程上，缺乏一個基於國家之整體利益考慮問題的領導中心，能夠做統一的指導，並統合各省的洋務經營〔註160〕。以致台灣當局之洋務官僚只能著重於產地的開礦問題，至於挖出的大量煤炭如何適當利用與銷售，則完全缺乏計劃。

況且台灣當時又是在洋務運動主流北洋派的勢力圈之外，加上當時湘系勢力已經不振，南洋勢力圈又未見形成，所以台灣煤炭就很難進出大陸本土市場〔註161〕。只要比較屬於北洋派勢力圈之開平煤礦經營情形即可明白上述的情況。益聞錄光緒八年 10 月 15 日載有津友來函：言近日開平煤窰因中國人欲速見功，開至三十丈即行停止，故日僅出煤五百墩，不敷中國各輪船機器製造局中之用，是以當事諸君擬再添開一礦，相助為理云〔註162〕。由此可見洋務運動推動過程中，煤炭是不敷運用的，台灣因在北洋主流派的勢力圈之外，所以台煤要進入大陸本土市場就受到了限制，又據 1884 年關冊天津條記載：

日本煤「入口」大減，原因由於開平煤礦產量漸增〔註163〕。

開平煤礦能夠打擊日本煤的原因，主要是李鴻章系列下之招商局汽船，均使用開平煤炭，因而開平煤礦經營有良好的發展。

〔註157〕同上，頁 40。
〔註158〕劉璈：前書，編者「弁言」，頁 8。
〔註159〕劉璈：前書，「詳論煤務屯銷利害由」，頁 37。
〔註160〕戴國煇：〈清末台灣の一考察──日本による台灣統治の史的理解と關連して〉，《日本とアジア，仁井田陞博士追悼論文集》第 3 卷，勁草書房，1970 年 5 月 30 日第一刷發行，頁 276。
〔註161〕同上。
〔註162〕孫毓棠：前書，頁 645。
〔註163〕同上，頁 655。

　　另外一個妨礙台灣煤炭銷售的是關稅的規定，沈葆楨雖已奏准台灣煤炭出口稅由每噸六錢七分二釐改為每噸徵稅一錢，但每噸徵稅一錢，仍較洋煤之入口稅每噸徵銀五分為重，台灣煤若加復進口半稅（每噸約需銀三錢二分八釐）〔註164〕，則每噸合計徵銀四錢二分八釐，台煤在稅的負擔上為洋煤的八‧六倍，因之，洋煤稅負甚輕，台煤稅負仍然偏重，所以洋煤處於極有利的地位因而占盡了中國煤市場之利，台煤在稅負上加重成本，居於劣勢而無法與洋煤競爭〔註165〕。

　　劉璈以「節糜費」、「禁失耗」、「足器用」、「廣銷路」等四個重點為整頓台灣煤礦的方法，經過二年長期間，期望經營好轉，但因沒有認識問題的本質，加上清朝末期症狀──官吏的無能、腐敗、不負責任──不是容易改革的事，而道台的權力本極微弱，加上劉璈東南諸省洋務派主派在人脈上沒有很好的連合，其勢力更弱一層，終致構成劉璈受到參劾的一項罪疑〔註166〕，嗣經清廷特派刑部尚書錫珍暨江蘇巡撫衛榮光查明，劉璈雖無「侵吞虧短通同作弊」的罪名，仍脫不了「辦理不善」的干係〔註167〕。

〔註164〕　土煤每噸出口稅原本為六錢七分二釐，加復進口半稅，合一噸須納一兩多之稅（參照皇朝經世文編，卷115，商務三，李鴻章「開平煤出口稅擬請援案減定片──光緒七年」。可見土煤之加復進口半稅，其稅率在三錢二分八釐以上。

〔註165〕　戴國輝以為劉璈時期的台灣煤礦銷售到大陸本土市場的稅負仍是如原來未減稅之前的稅率。事實上沈葆楨奏請減稅以後，台煤每噸出口稅為一錢，加上復進口半稅，其稅負是洋煤的八‧六倍。

〔註166〕　劉銘傳：《劉壯肅公奏議》，台灣銀行經濟研究室編印，台灣文獻叢刊第二七種，「嚴劾劉璈摺」（光緒十一年5月26日），頁429。

〔註167〕　《大清德宗景（光緒）皇帝實錄》，卷218，頁3～4。